KB206544

종정 진제법원 대종사와
큰 스님들이 전하는 마음챙김

방장스님 출가·수행기 첫 출간

진제스님
조계종 종정

성파스님
15대 종정

고산스님
쌍계사 방장

월서스님
법주사 조실

지유스님
범어사 방장

원각스님
해인사 방장

현봉스님
송광사 방장

달하우송스님
수덕사 방장

원행스님
총무원장

깨달음의 노래

쇼팽의
서재

정승욱 지음

깨달음의 노래

쇼팽의서재

추천 드리는 글

    석가모니는 2500여 년 전 부다가야 사람입니다. 석가는 보리수 아래에서 새벽 명성을 보고 정각에 이르렀으니 이것이 바로 불교의 출발점입니다.

    정각에 이른 부처님은 "일체중생이 모두 여래와 같은 지혜 덕성이 있건만 분별 망상으로 깨닫지 못하는 구나"라고 한탄했습니다.

    우리 사람 개인 각자에게 지혜 덕성의 그릇이 있다는 말은 기독교 성경에도 분명히 기록되어 있는 진리 중의 진리입니다.

    천상은 육도윤회의 하나입니다. 윤회합니다.

    다음 생에 다시 인간으로 태어나느냐는 이승의 삶에 달렸어요. 인간으로 환생으로 해아 힙니다. 인간으로 환생하지 않으면 이승에서 만날 일이 없어요. 지옥은 일일일야 만사만생一日一夜 萬死萬生이라 했어요. 하루에도 만번 죽고 사는 고통으로 가득찹니다. 인간 사바세계에서 성불해야 하는 이유가 이것이지요. 사람이 다시 사람으로 태어나는 종교가 불교입니다.

"불교를 믿어 좋은게 뭣입니까"라고 흔히 반문합니다. 사람으로 다시 태어나는 것입니다. 다시 태어나 만날 수 있는 계기가 되어야 합니다.

무조건 법당 안에만 들어오려 하지 말고 기도하고 염불하고 선행하는 것 자체가 구도입니다. 선거 때만 표를 달라고 하는 것은 안된다는 것과 다름없어요.

오늘날 숙명적으로 공허함을 안고 살아가는 사부대중에게 조계종 총림을 관장하시는 큰 스님들은 한국 사회의 보배로운 존자입니다.

이 책에 소개되는 큰 스님들은 비록 산사에 주석하고 계시지만 스님들이 발하는 울림은 저 멀리 속세에 미치고도 남아돌아옵니다. 종교담당 기자로서 언론계에 봉직해 온 정승욱 선임기자가 그 울림을 이 책에 담고자 노력했습니다. 코로나 사태로 피폐한 마음을 조금이나마 어루만져 치유하는 기회가 되기를 기원하면서 이 책을 권면합니다.

대한불교 조계종 총무원장 원행 합장

추천 드리는 글

    불가에서의 화두란 참된 나를 찾는 것입니다.

    흐르는 물처럼 여여하게 끊어지지 않는 화두를 챙기고 의심을 쭈욱 밀어주기를 하루에도 천번 만번 반복합니다. 간절히 몰두하여 사유하다 보면 문득 참의심이 돈발하여 발동이 걸리게 되는 때가 옵니다. 홀연히 사물을 보는 찰나 자기의 참모습이 마침내 드러나게 됩니다. 불가에서 말하는 '견성見性'입니다. 참된 나를 깨닫는 순간입니다. 고산 선승은 제자들에게 문자와 말로 법문을 하면서도 곧바로 말과 문자를 멀리하라고 했습니다. 정작 마음을 놔두고 문자로 더듬거리지 말라는 의미입니다. 석가모니 부처님의 가르침은 마음공부와 다르지 않습니다.

    큰 스님들의 수행도량은 그야말로 청정합니다. 계행이 청정한 것은 그릇이 반듯한 것과 같습니다. 그릇이 반듯해야 담긴 물이 흔들리지 않으며 그 물에 지혜의 빛이 비치게 됩니다. 율찰 본산 쌍계사 방장 고산 대종사의 수행기는 수행 스님은 물론이요 일반 신도들에게 귀감이 되고도 남습니다. 부처님의 진신사리가 모셔져 있어 붙여진 불보사찰로 유명한 영축총림 통도사의 방장으로 주석하시는 성파 대종사, 법보사찰로 유명한 해인사 방장 원각 대종사, 승보사찰로 이름을 떨치는 송광사 방장 현봉 대종사, 그리고 법주사 조실 월서 대종사, 범어사 지유 대종사, 수덕사 달하우송 대종사, 총무원장 원행 대종사 스님의 세속적 번뇌의 풍파에서 벗어나 여여한 자성을 찾는 법어들이 실려 있습니다.

　전국 사찰들에서는 코로나19 사태로 인적이 뜸했습니다. 그래서인지 사부대중은 더욱 사회의 등불을 밝히는 큰 스님의 법어를 그리워하고 있습니다. 중견 언론인이 쓴 이 글은 대한불교 큰 스님들의 법어를 간결하면서도 명료하게 전달하고 있습니다. 참된 나를 찾도록 인도하시는 큰 스님들의 법어를 이 책에서 만나보시길 기원합니다. 그리고 법어를 통해 참된 나를 찾기를 기도합니다.

세계평화통일가정연합 세계본부장
(재)효정국제문화재단이사장
윤영호 합장

"내 말에 속지 마시오. 나는 그저 종정이라는 고깔모자를 썼을 뿐이오. 나를 보지 말고 당신의 본래 면목을 보시오."

종정이라는 고귀하고 장엄한 법상에 있으면서도 그 '법상'을 고깔모자에 비유한 성철性徹(1912~1993). 성철은 '내 말도 믿지 말라'고 했다. 사람은 누구나 스스로 깨달음에 이를 수 있다는 훈도에 다름 아니다. 80년대 민주화 투쟁가들이 성철에게 지원해달라고 강권한 적이 있었다. 민주화운동의 정신적 지주가 되어달라는 청이었다. 만일 당시 스님이 대중에게 어필하는 법어를 내렸다면 대중은 큰 어른의 사이다 같은 발언에 청량감을 느꼈을 것이다. 그리고 더 속 시원한 법어를 청했을 것이다. 그랬더라면 한국이 낳은 대선승 성철은 어찌되었을까. 우리는 인기인을 얻는 대신 큰 어른을 잃었을 것이다. 성철은 29년 전 열반에 들었음에도 아직도 시대를 밝히는 선각자로 추앙받는 어른이다.

　코로나19라는 전 지구적 재앙이 벌써 2년을 넘었다. 속세인의 마음은 날로 피폐해지고 있다. 그래서인지 세상을 밝혀줄 큰 스님들의 설법에 목말라하는 시절이다. 큰 스님들은 자기를 바로 보는 방법의 하나로 자기의 기원을 제시했다. 이것이 큰 스님들을 뵙고 법어를 받아 글로 옮긴 이유이다. 우주에서 한 점도 안 되는 산중에서, 그보다 작은 절에서, 그보다 작은 법당에서, 그보다 작은 한 사람이 삼천배를 한다. 절을 하는 동안 한없이 작고 초라한 내가 보인다. 내가 보이면 나를 있게 한 모든 존재가 보인다. 수행이란 이런 것이다. 수없이 자신을 버리면 환희심이 물결치듯 일어선다. 특히 종정 진제 법원 대종사의 인터뷰를 처음으로 실었다. 조계종 15대 종정으로 추대된 성파스님의 주옥같은 어록도 처음으로 실었다. 글을 쓰는 도중에 쌍계사 고산 대종사께서 입적하셔서 안타까움이 더했다. 총무원장 스님의 추천사를 받아주신 대한불교 조계종 임융창 홍보팀장과 홍보팀 실무자님, 편집자에게도 특별히 감사의 말씀을 올린다.

2022년 2월
정승욱 합장

차 례

추천 드리는 글 · 004

책머리글 · 008

'나'를 참 구하는 것이 이 시대를 이기는 지름길
대한불교 조계종 종정 진제법원 대종사

화두란 불자수행의 첫걸음 · 018

사시사철 안거를 이끌다 · 025

깨달음에 이르는 수행법 간화선 · 028

향곡선사의 화두 '향엄상수화' · 034

정통 법맥을 잇는 전법게를 받다 · 039

코로나 사태는 자신을 돌아보라는 자연의 가르침 · 042

부모에게 나기 전에 어떤 것이 참 나인가? · 047

참된 나를 참 구하는 것이 불자의 의무 · 050

우주 전체가 하나인 동시에 내가 우주다

영축총림 통도사 방장 중봉성파 대종사 - 조계종 15대 종정

승좌식을 생략하고 그 돈을 기부하다 · 058

제자들에게 쓴소리하는 서릿발 스승 · 062

대중과 함께하는 안거 · 065

도자대장경을 제작하고 봉안하다 · 072

사명대사의 가르침을 전하다 · 074

호국불교라고 이름 붙은 배경 · 083

구하스님과 기생에 얽힌 에피소드 · 086

'동체대비'의 의미 · 091

바람처럼 구름처럼 행과 불행은 한 몸이다 · 097

중생의 마음 밖에 한 티끌도 없다

쌍계총림 쌍계사 방장 고산혜원 대종사

이 시대의 율사 고산혜원 스님 · 104

개방적이고 합리적인 초종교인 · 110

산하 대지가 전부 비로자나불 몸뚱이 · 113

중생 마음 밖에 한 티끌도 없다 · 116

마음이 편안하면 천하가 태평할 것이요 · 120

욕심이 없으면 오래 산다고 했다 · 122

부처님에 계합하면 곧 해제일이로다 · 124

생을 달관한 임종게 · 128

잘난 척하고 배우지 않고 늙으면
병들어 신음하고 한탄만 하게 된다

법주사 조실 천호당 월서 대종사

육신은 한 벌의 옷일 뿐이다 · 134

혹독한 훈련으로 제자를 가르친 스승 · 139

사찰은 '목욕탕' 선문답 · 144

코로나 사태를 타개하는 지혜 · 146

혼침·망상·번뇌를 쫓는 방법 · 150

태백산 각화사 동암에서의 결기 · 153

해외에서 더욱 빛난 스님의 정성 · 159

부끄럽지 않은 승가의 거울 · 164

마음이 만든 시공간에 구속되어 벗어날 줄 모르네

금정총림 범어사 방장 지유 대종사

금정총림 40여년 정신적 지주 · 170

동산스님을 스승으로 모시다 · 175

코로나 사태는 마음으로 다잡아야 · 180

인간의 마음이 바로 심시불이다 · 184

네가 바로 부처님이라! · 189

수행이란 마음 다스리는 것 · 194

마음 다스리는 비결 · 198

그 소중한 하루를
부귀영화 얻는 데만 쏟아 부을 것인가?

해인총림 해인사 방장 벽산원각 대종사

혜암스님의 애제자로 출가하다　　• 204

'공부하다 죽어라'는 스승의 엄혹한 경책　　• 211

근원을 찾아 떠나는 인생　　• 216

어머니 같은 자상한 훈도로 명망을 얻다　　• 219

촌로 앞에 몰려든 구름 같은 사부대중　　• 223

자연을 과학으로 다스린다는 미혹에서 벗어나야　　• 227

부처님 말씀대로 신심있게 실천하는 지가 중요　　• 232

종이 아니라 주인 되는 길이 수행이다

조계총림 송광사 방장 남은당 현봉 대종사

코로나는 '제행무상'이니 걱정 말라　　• 238

부처님도 공동체의 일원이었다　　• 242

유루와 무루의 공덕　　• 248

양나라 무제의 불심에 얽힌 교훈　　• 251

해맑음과 기발한 해학의 구도심　　• 256

천수경 강설로 유명해지다　　• 261

반야심경과 스님의 인연　　• 265

경자년 쥐띠 해에 얽힌 교훈　　• 271

나를 낮추면 작은 휴식이요, 나를 빼면 최고봉

덕숭총림 수덕사 방장 달하우송 대종사

뜨거운 가슴으로 다 주어라 · 276

코로나 사태를 이기는 법 · 281

삶에 해답은 없지만 현답은 있다 · 285

내 얼굴 못 보는 것이 내 법문이다 · 288

'마음 비우기'는 모두를 품는 것 · 292

내가 짓고, 내가 받는다

조계종 총무원장 원행 대종사

코로나 사태는 '탐진치 삼독' · 298

불교를 믿어 좋은 게 뭣인가 · 303

인간 삶의 기본은 자작자수 · 309

한국 불교 전래의 역사 · 315

성철의 삼천배 의미 · 323

특집

성철과 법정의 만남 · 330

에필로그 · 351

'나'를 참 구하는 것이
이 시대를 이겨내는 지름길

화두란 불자수행의 첫걸음

불자에게 화두는 수행의 첫걸음이다. 진리를 찾아가는 물음 내지 참선의 주제를 잡는 것이다. 화두를 제대로 든다는 말은 수행 참선의 목적을 제대로 잡는 것이다. 예로부터 명산대찰의 고승들은 제자들에게 가장 먼저 화두를 채근했다. 화두를 제대로 들고 온 몸을 들여 정진하고 정신을 집중한다면 진리에 이르지 못할 까닭이 없다는 노스님들의 깨우침이 구구절절 와닿는다.

진제眞際법원法遠 대종사는 대한불교 조계종의 큰 어른으로 지난 10년간 종성으로 주석하고 있다. 진제스님의 설법 가운데 으뜸은 화두였다. 화두일념話頭一念이란 '왜 그런가' 또는 '이 뭘까'부터 시작해 끝없는 물음과 답을 반복하면서 깨달음에 이르는 수행노정이다.

"화두를 들어 오매불망 간절히 씨름해서 가고 오고 일하고 산책하고 하루하루 생활하는 가운데 화두가 흐르는 물과 같이 끊어지지 않도록 정진하여야 하니, 화두일념이 도래하지 않으면 깨달을 분이 없음이로다."

화두 참구는 참선할 때만이 아니라 흐르는 물처럼 지속해야 한다. 스님의 가르침은 제자들을 향한 향도이며 진리를 궁구하는 사부대중에게 주는 경책이다.

문하의 수좌들이 화두를 제대로 들지 못하면 스승은 죽비를 내려치고 심지어 내쫓기도 했다. 경허, 성철 같은 대덕 선승들이 그렇게 혹독하게 가르치고 훈도했다. 참선에 앞서 먼저 화두를 제대로 드는지 못드는지 시험하고 시시때때로 제자들을 고행의 길로 내쫓았다.

범부인 기자도 알아들 수 있는 설법

진제스님의 설법은 속세의 기자도 알아들을 수 있을 만큼 쉽고 명쾌하다. 스님은 석가세존의 의미를 이 시대의 말로 풀어 설명한다.

'나'를 참 구하는 것이 이 시대를 이겨내는 지름길

"모든 인간은 번뇌합니다. 이 세상에 난 중생은 나고 죽는 생사 문제로 번뇌합니다. 부처님께서 오신 이유는 이것이지요. 생로병사로부터 자유롭고, 탐하는 마음, 성내는 마음, 어리석은 마음의 속박에서 벗어나는 것입니다. 고통과 슬픔, 고뇌가 없는 무아 세계를 성취하여 해탈에 이릅니다. 부처님 오신 뜻은 동서고금을 막론하고 이처럼 불변입니다."

일반인들도 접근할 수 있는 해탈의 해법이란 무엇일까?

깊고 넓게 사회를 이롭게 하는 자비심과 봉사를 실천하면 그 자리가 곧 해탈의 자리다. 일상에서 자비와 봉사를 실천하는 가운데 '참 나'를 밝히는 행위를 꾸준히 하면 누구나 깨달음에 이르는 부처가 될 수 있다는 의미다.

깨닫는 것은 곧 자기 안에 진리가 있는 줄 아는 것이다. 불가에서 의미하는 깨달음이란 무엇일까? 자기의 참 모습이다. 누구나 다 육신을 이끌고 있는 '참 나'를 갖고 있다. 이 '참 나'는 우수가 멸한다 해도 변함이 없다. 깨닫기 전에는 육도六道(지옥·아귀·축생·수라·인간·천상)의 세계가 분명하다. 깨달은 후에는 다르다. 항상 여여하다. 여여하다는 말은 모든 개개인이 가지고 있는 '참 나'를 자각하는 것에 다름 아니다. 대안락과 대자유는 여기에서 출발한다.

깨달음에 이른 사람과 그렇지 않은 사람의 차이는 무엇일까? 이에 대한 스님의 설법은 이러했다.

"깨달은 자는 항상 여여한 고로, 일월과 같이 마음의 지혜가 밝아 모든 갈등과 번뇌를 찾으려야 찾을 수가 없고, 생과 사가 있을 수 없습니다. 그 때문에 모든 유정有情과 무정無情이 더불어 한 몸이 되고, 온 세계가 한집인 삶을 살아가게 됩니다. 깨달은 이는 이처럼 일체처一切處에 자유를 누리고 밝은 눈을 갖게 됩니다."

깨닫지 못한 자는 자기 안에 진리가 존재한다는 사실을 모르고 바깥으로만 치닫는다. 부와 명예, 애욕 등 오욕락으로 마음의 병통을 초래한다. 온갖 시비와 갈등, 시기와 질투 때문에 편안한 삶을 누릴 수 없다. 죽음에 이르러서는 공포와 불안, 애착과 원한에 괴로워한다. 삶의 고통을 그대로 다 짊어지고 육도를 챗바퀴 돌듯 윤회한다.

후학들은 스님을 일컬어 육조六祖 혜능慧能(638~713)의 현신이라 칭한다. 혜능선사의 가르침을 오롯이 복원해 후학들에게 전수하고 있기 때문이다. 스님은 깨달음에 이른 체험을 전하면서 불법을 향한 구도의 일념을 촉구한다.

스님은 서른세 살에 스승 향곡선사로부터 전법게를 이어받았다. 깨달음의 세계는 깨달은 자들만이 주고받는다.

향곡선사는 제자 진제스님에 대해 "선불교를 부흥시킨 육조 혜능의 현신"이라며 "대한민국의 참선법이 너를 좇아 크게 진작하여 융성할 것"이라고 칭송한 바 있다. 혜능은 중국 선종의 6대 조사로서 중국에 선불교를 일으킨 인물이다. 1200여년이 지난 지금도 추앙받는다. 혜능은 또한 당나라 시대의 선승으로 남종선南宗禪의 시조이다.

스님은 향곡에게서 받은 전법게를 전수할 이를 찾고 있지만 아직 적절한 발심 납자를 발견하지 못했다고 전한다. 불가에서는 여타 종교에 대한 편견이 없다. 스님은 유교의 시조 공자를 특히 존경한다고 했다.

"공자에게 가장 위대한 성인이 누구냐고 한 제자가 물었어요. 그랬더니 공자님은 석가모니라면서, '석가모니는 다스리지 않아도 스스로 다스려지고, 만 사람이 고개를 숙이고 흠모하였다'라고 설명하셨지요. 공자 외에도 향곡과 성철 두 분을 참으로 존경합니다."

한국불교가 낳은 위대한 선지식인 향곡과 성철의 우의는 신화처럼 회자된다. 선문답으로 법거량 할라치면 두 선사 모두 상대방에게 절대 밀릴 생각이 없다. 둘 사이에는 부끄럼도 수치심도 없다. 세수는 같지만 향곡이 먼저, 1979년 묘관음사에 머물다 원적에 들었다. 장의위원장을 맡은 성철은 〈곡향곡형哭香谷兄〉이란 추도사를 써서 평생 도반을 먼저 떠나 보낸 서운함과 적적함을 대신했다. 추도사는 당대 명문장으로 읽힌다. 성철은 "향곡이 있었으면 얼마나 좋을꼬"라고 되뇌였다. 진제스님은 존경하고 흠모하는 두 선사의 소탈하면서도 절절한 우의를 후학들에게 전하곤 했다.

스님은 미국의 저명한 신학 교수이자 가톨릭 사제인 폴 니터Paul Knitter와 만나 종교 간의 벽을 허무는 데 주력한다. 폴 니터는 특정 종교에만 구원이 생긴다는 편협한 종교적 사고를 타파하기 위해 노력한다.

그는 달라이라마, 데스몬드 투투 대주교 등 세계의 저명 종교지도자와 함께 종교 화합에 매진하는 다원주의 학자다. 그는 한국불교에 심취해 오랫동안 명상수행을 해왔으며,《붓다 없이 나는 그리스도인일 수 없었다》라는 책을

'나'를 참 구하는 것이 이 시대를 이겨내는 지름길

출간했다. 그는 부인과 함께 동화사에 주석하는 진제스님을 친견한 적이 있다. 종교와 국적을 초월해 한국 선불교를 직접 체험하려는 목적이었다.

여기에서 스님의 포용성 있는 열린 사고방식이 드러난다. 진리는 하나인데 이르는 길은 여러 방법이 있다는 사상으로 종교의 다양성을 인정한다. 그야말로 종교를 초월한 진정한 자유인의 면모다. 스님은 벽안의 외국인 교수에게 간화선看話禪이 매우 효과적인 수행법이라고 소개했다.

사시사철 안거를 이끌다

팔공총림 동화사와 부산 해운정사를 오가면서 후학을 양성하는 종정스님은 서릿발 스승이다. 동화사는 493년 신라 소지왕 때 유가사瑜伽寺로 창건하여 832년 흥덕왕 때 심지대사가 중건했다. 중건 당시 겨울인데도 절 주변에 오동나무꽃이 만발했다 하여 동화사桐華寺로 절 이름을 고쳤다. 동화사 안에서 유명한 별당이 금당선원인데 걸출한 선승들이 참선궁행參禪窮行 했던 명소로 잘 알려져 있다.

동화사는 과연 종정스님이 주석할 만한 품격과 분위기를 갖춘 1500여년을 이어온 사찰이다. 코로나19 사태라는 재앙이 온 세상을 뒤덮고 있지만 불가에서는 어김없이 연중 두 차례 안거에 들어간다.

종정 진제스님은 법상에 올라앉자마자 대쪽 같은 일침

'나'를 참 구하는 것이 이 시대를 이겨내는 지름길

을 내린다.

"수십 년 결제안거를 빠지지 않고 하였음에도 득력하지 못하는 이유가 어디에 있는가? 그것은 모든 반연攀緣과 습기習氣에 놀아나서 온갖 분별과 망상과 혼침에 시간을 다 빼앗기고 있는 것이라."

스님은 아직도 화두에 온 마음을 집중하지 못했다고 제자들을 다그친다.

"대중들이 이렇게 모여서 산문을 폐쇄하고 모든 반연을 끊고 불철주야 정진에만 몰두하는 것은 끝없는 생사윤회의 고통에서 영원히 벗어나기 위함이라. (…) 만약, 보고 듣는 것에 마음을 빼앗겨 털끝만큼이라도 다른 생각이 있거나 게으른 마음이 있으면 화두는 벌써 십만 팔천 리 밖으로 달아나버리고 과거의 습기로 인한 다른 생각이 마음 가운데 자리 잡고서 주인 노릇을 하고 있음이라."

스님이 후학들에게 내리는 한마디 한마디는 그대로 뼈와 살이 되어 전수된다. 종정이라는 권위도 대단하지만,

그 법어에 산중의 모든 이들이 고개를 숙인다.

"마치 흐르는 물을 거슬러 올라가는 배와 같아서 노를 부지런히 저으면 앞으로 나아가는 듯하다가, 멈추면 뒤로 밀려가는 것과 같다. 간단없는 정진만이 진취가 있고 궁극에는 진리의 문에 들어서게 됨이라."

또한 열심히 수행하면 누구라도 깨달음에 이를 수 있다며 제자들에게 용기를 북돋았다.

"이 공부는 요행으로 우연히 의심이 돈발頓發하고 일념이 지속되는 것이 아니고, 시간이 지나간다고 저절로 신심과 발심이 생겨나는 것도 아니다. 확철대오廓撤大悟에 대한 간절함이 사무쳐서 마치 시퍼런 칼날 위를 걷는 것같이 온 정신을 모아 집중하지 않는다면 절대 성취하기 어려운 것이라. 어느 누구라도 대신심과 대용맹심을 내어 명안종사明眼宗師의 지도에 따라 빈틈없이 정진하여 나간다면, 참구하는 일을 다 마치고 진리의 위대한 스승이 되어서 천상천하에 홀로 걸음하게 될 것이다."

'나'를 참 구하는 것이 이 시대를 이겨내는 지름길

깨달음에 이르는 수행법 간화선

간화선은 한국 불교의 대표적인 선 수행법이다. 고려시대에 전파되어 꽃을 피웠으며 이후 800년 넘게 이어져 내려오고 있다. 스님은 간화선 수행법을 통해 속인도 깨달음에 이를 수 있음을 깨우쳐 준다.

간화선이란 마음으로 화두를 풀어낸다는 뜻으로 의심을 통해 깨달음에 이르는 수행법이다. 화두, 즉 의심을 품고 궁구하고 절제하며 수행하면 깨달음에 이른다는 수행법이다.

"석가세존은 '어떤 것이 나의 참모습 인가'하는 의심에 6년간 삼매에 드셨다. 화두 없이 의심만 있다면 몸뚱이 없는 영혼과 같습니다."

스님의 간화선 지식은 선지식 전문학자들 못지않게 깊고 넓다.

"화두를 품고 의심을 하면 일상생활 가운데서도 수행이 가능합니다. 좌선할 때는 반가부좌를 한 다음 손을 배꼽 밑에 붙이고 가슴을 펴고 시선은 앞으로 약간 밑으로 고정합니다. 화두 일념으로 끊임없이 의심하고 챙기고, 챙기고 의심해야 합니다."

스님은 후학들에게 특히 강조해 온 덕목으로 '활구참선 活句參禪(말과 글에 속박되지 않고 '참 나'를 찾는 참선)'을 꼽는다. 참선하더라도 사구死句(말과 글의 속박에서 벗어나지 못함)에 매몰되지 말라는 것이다.

부처님의 제일 덕목은 불살생不殺生이다. 총칼을 가지고 상대와 싸우지 않고 항시 자비심으로 양보한다는, 말 그대로 자연굴복이 불교의 근본 사상이다.

태어나지 않은 셈치고 수행의 길을 가는 것

스님의 성품은 그야말로 온화한 이웃집 어른의 풍모를

'나'를 참 구하는 것이 이 시대를 이겨내는 지름길

지니셨다. 종정이라는 고귀한 명망에 걸맞지 않은 푸근한 훈장님이다.

1994년 동화사 조실로 추대된 이후 18년 동안 해마다 하안거, 동안거 결제에 임하는 전국의 수좌들과 재가 수행자들의 참선 수행을 직접 이끌고 있다. 1996년부터 조계종 선수행의 본산인 기본선원의 조실로 추대된 이후에도 하루도 빠짐없이 참선에 든다. 그러면서 새로 공부를 시작하는 출가 수행자들에게 제대로 된 참선법을 전수해 주고 연마하도록 인도한다.

종정 스님은 누구도 따라올 수 없는 고도의 수행 이력을 갖고 있다. 1934년에 경남 남해 삼동면에서 나신 스님은 20세에 이르러 1953년 조계종 초대 종정을 지낸 석우 선사를 은사로 해인사에서 출가했다. 성철처럼 명석했던지 우주와 자연 인생에 의문을 품고 젊은 청년시절을 보냈다.

당대 선승 석우선사가 열반에 들자 곧바로 향곡을 스승으로 모셨다. 향곡 문하에서 '향엄상수화香嚴上樹話' 화두를 받아 화두 관문을 타파하고 대오했다.

지금도 스님의 대오는 제자들을 통해 전설처럼 전해진다. '일면불 월면불日面佛月面佛' 화두는 스님이 견성오도에 이르는 관문이었다. 마침내 모든 화두에 통달, 깨달음에 이르렀다. 전법게를 이어받기까지 스님의 수행은 뭇 스님들의 귀감으로 전해지곤 한다.

스님의 수행기는 한 폭의 동화와 흡사하다.

불공으로 절에 자주 다니던 친척을 따라서 살던 동네에서 십 리쯤 떨어진 곳에 있던 해관암海觀庵이라는 자그마한 사찰에 갔다. 그 자리에서 당대 대선사 석우스님을 친견하면서 불가에 귀의하는 인연을 갖게 된다.

하루는 석우가 청년을 보면서 귀한 물음을 던졌다.

"세상의 생활도 좋지만 그보다 더 값진 생활이 있으니 그대가 한번 해보면 어떻겠나?"

"무엇이 그리 값진 생활인지요?"

"범부가 위대한 부처 되는 법일세. 이 세상에 한번 태어나지 않은 셈치고 수행의 길을 가보는 것이 어떤가?"

세상에 태어나지 않은 셈치고 불가에 귀의하라는 석우의 권유는 가슴에 박혀 내내 사라지지 않았다.

청년은 스님의 생활을 유심히 살펴보았다. 참으로 세속에서는 볼 수 없었던 청정한 수행 생활이 맘에 들었다. 산중 스님들의 삶에 큰 환희를 느껴 결심하게 된다. 스님의 시자생활은 그렇게 시작되었다. 남해의 작은 암자에서 시작된 행자 수업은 고달팠다. 큰 스님 시봉에다 공양주 소임 그리고 또, 나무를 해오고, 채소를 가꾸는 등으로 해야 할 일들이 종일 연속이었다. 그럼에도 마음은 풍족했다. 이렇게 해관암에서 열 달 가량 지내고 나서 석우선사가 해인사 조실로 가게 되자, 스승을 따라 해인사로 갔다. 그해 겨울에 사미계를 수지했다.

해인사 강원에서 공부는 진리에 다가간다는 일념으로 인해 행자생활의 재미를 한껏 느낄 수 있었다. 강원에서 한 해 동안 경전을 익히다가, 석우가 조계종 종정으로 추대되어 동화사로 떠나자 다시 스승을 따라갔다.

한때 어느 날 동화사 스님 몇 사람과 팔공산 상봉에 올랐다가 빈 토굴을 발견하고는 함께 토굴에서 용맹정진을 했던 적도 있었다.

석우선사가 이를 듣고 "어른이 시키는 대로 하지 않고 제멋대로 온갖 것을 나 하려고 든다"고 호통을 치셨지만, 속으로는 흐뭇해했다고 한다. 그러면서 석우는 '부모미생전 본래면목父母未生前本來面目'이란 화두를 내렸다. '네 부모가 태어나기 전에 너는 원래 어떤 것이었나?'는 의미다. 부모한테서 몸 받기 전에는 내가 과연 무엇이었는가라는 화두였다.

의지가 강했던 스님은 선문에 들어 화두참구에 온 마음을 쏟았다. 이어 동화사를 떠나 운수행각의 길에 올랐다. 1957년 스님의 세수 24세였다. 완전히 자기를 내려놓아야 했던 운수행각의 길은 요새 젊은 스님들은 생각할 수 없는 어려운 수행길이었다.

석우선사가 열반에 들어간 이후 경남 월내 묘관음사에 주석하던 향곡을 찾아가 예배했다. 스승 열반 이후 거의 1년여 만이었다.

"이 일을 마칠 때까지 스님을 의지해서 공부하려고 왔습니다."

"이 심오한 광대무변한 대도를 네가 어찌 해결할 수 있는가?"

"신명을 다 바쳐서 해보겠습니다."

향곡은 '향엄상수화香嚴上樹話' 화두를 내리면서 이런 법어를 내렸다.

향곡선사의 화두 '향엄상수화'

"어떤 사람이 아주 높은 나무 위에서 오로지 입으로만 나뭇가지를 물고서, 손으로 가지를 잡거나 발로 가지를 밟지 않고 매달려 있을 때, 나무 밑에서 어떤 사람이 물었다. 대답하지 않으면 묻는 이의 뜻에 어긋나고, 만약 대답한다면 수십 길 낭떠러지에 떨어져서 목숨을 잃게 될 것이다. 이러한 때를 당하여 어찌해야 되겠는가?"

스님은 이 화두를 품고 신고 수행에 매진했다. 한 3년 정도의 시간이 훌쩍 지나갔다. 결제와 해제에 관계 없이 일체 두문불출이나 산문 출입을 하지 않았다. 화두참구에 용맹정진하는 스님의 노력으로 마침내 견성의 길에 들어섰다.

깨달음의 노래 🌸

안개 같은 희미함이 걷히고, 비로소 진리의 세계에 다가서는 모습을 볼 수 있었다. 오도송을 지어 향곡에게 올렸다.

這箇柱杖幾人會

三世諸不總不識

一條柱杖化金龍

應化無邊任自在

이 주장자 이 진리를 몇 사람이나 알꼬

삼세의 모든 부처님도 다 알지 못하누나

한 막대기 주장자가 문득 금룡으로 화해서

한량없는 조화를 자유자재하는구나.

　　향곡이 대뜸 물었다.

　　"용이 홀연히 금시조金翅鳥를 만난다면, 너는 어떻게 하겠느냐?"

　　"당흉하여 몸을 굽히고 세 걸음 물러가겠습니다."

　　"옳고, 옳다."

'나'를 참 구하는 것이 이 시대를 이겨내는 지름길

향곡과의 선문답 이후 다시 5년여 세월이 흘렀다. 이때 스님은 '일면불 월면불' 화두를 풀어냈다. 월면불은 하루밖에 못 살고, 일면불은 1800년을 산다는 것을 의미한다. 불성을 깨닫고 나면 장수하는 일면불이나 단명하는 월면불이나 큰 차이가 없다. 그러면 대체 시간이란 무엇을 의미하는가? 흘러간 시간은 과거요, 지금 이 자리의 시간은 현재요, 앞으로 올 시간은 미래다.

부처님은 미래의 자신을 알고 싶으면 지금의 자신을 보면 된다고 했다. 지나간 과거의 인과因果는 지금 자신의 모습에 남아 있을 수밖에 없고, 앞으로 다가올 미래의 자신의 모습에는 지금 자신의 인과가 남아 있을 것이기 때문이다.

스님은 대선사들이 거듭 화두를 들었던 온갖 법문에 막힘없이 상통했다. 견성의 대도에 든 스님은 당시 이런 오도송을 냈다.

一棒打倒毘盧頂
一喝抹却千萬則
二間茅庵伸脚臥
海上清風萬古新

한 몽둥이 휘두르니 비로정상 무너지고

벽력 같은 일 할에 천 만 갈등 흔적 없네.

두 칸 토굴에 다리 펴고 누웠으니

바다 위 맑은 바람 만년토록 새롭도다.

스님은 1967년 하안거 해제 법회 당시 향곡선사와 법거량 했다. 묘관음사 법당에서였다. 스님이 묵좌하던 향곡에게 다가가 물었다.

진제 : 불안佛眼과 혜안慧眼은 여쭙지 아니하거니와, 어떤 것이 납승의 안목입니까?

향곡 : 비구니 노릇은 원래 여자가 하는 것이니라.

진제 : 오늘에야 비로소 큰 스님을 친견하였습니다.

향곡 : 네가 어느 곳에서 나를 보았느냐?

진제 : 관關(대문을 잠그는 빗장)입니다.

향곡 : 옳고, 옳다.

향곡은 그 자리에서 진제스님에게 전법게를 내렸다.
향곡이 직접 쓴 전법게이다.

'나'를 참 구하는 것이 이 시대를 이겨내는 지름길

진제 법원 장실에게 부치노라
부처님과 조사의 산 진리는
전할 수도 받을 수도 없나니
이제 그대에게 산 진리를 부촉하노니
거두거나 놓거나 그대에게 맡기노라

깨달음의 노래

정통 법맥을 잇는 전법게를 받다

당대 대선승으로 추앙받는 성철과 함께 한국 법맥을 잇고 있던 향곡으로부터 전법게를 받은 스님은 한국불교의 새 지도자로 탄생했다. 제79대 법손이다.

도대체 법맥을 이어받는다는 것은 얼마나 깨달음이 높아야 하는 것인가. 이는 법맥을 전수한 향곡과 이어받은 진제스님만이 아는 비밀이다. 인물들은 서로를 알아본다 했으니 향곡은 진제스님의 법력을 인정하고 또 인가한 셈이다.

비로소 향곡으로부터 법을 인가받아 경허 – 혜월 – 운봉 – 향곡선사로 내려오는 한국불교의 법맥을 진제스님이 이어받게 되었다. 이후에도 스님은 2500여 년 전 부처님의 살림살이와 조금도 다름없는 깨달음의 세계에 발을

'나'를 참 구하는 것이 이 시대를 이겨내는 지름길

딛게 되었다.

예전 춘가 지후 스님은 스승 식우에서서 '부모로부터 이 몸 받기 전 어떤 것이 참 나인가?' 화두를 받아 여러 수행처를 전전하며 정진했다. 이어 향곡(부처님의 정통법맥을 이은 제78대 법손)을 만나 전 생애를 바치고 공부에 임할 수 있었다는 것은 부처님의 제자로서 더할 수 없는 개인적 영광이기도 했다.

그러나 그것을 영광으로 여기는 스님이 아니었다. 종정 이전과 다름없이 수행하고 후학을 지도하는 소임에 충실할 뿐이다. 종정은 진실로 함부로 오르기도 맡을 수도 없는 고귀한 법상이다.

전법계를 전수받은 스님은 이후 50여 성상이 넘도록 동화사와 해운정사 조계종 기본선원의 조실로 주석하면서 하루도 빠짐없이 납자들을 제접하며 법문을 설파한다. 스님은 "이대로 부처님의 법맥이 끊어질지언정 깨달음이 미천한 이에게 법을 전하지는 않는다"며 전법계를 인수할 깨달음에 이른 승려를 기다리고 있다.

달마대사가 깨달음에 이르렀으면서도 산문 밖을 나가지 않고 혜가를 기다린 것처럼 그렇게 기다리고 있다. 그렇다. 준비가 안 된 납자는 전법계를 아무에게나 전할 수

깨달음의 노래

는 없다. 오죽했으면 성철은 "나를 만나려거든 삼천배를 하고 오라"고 했을까.

스님은 '대자유인의 길'이란 바로 깨달음에 이르는 길이라고 설파한다. 진제스님의 한마디 한마디는 사부대중을 깨우치는 등불이 되고 있다.

"모든 번뇌와 온갖 시비분별을 끊어 참 나를 온전히 깨달으면, 남이 없는無生 영원한 대안락大安樂 (온갖 고통과 두려움에서 벗어난 안락의 세계)에 머물며 무엇에도 걸림이 없는 대자유인이 된다."

코로나 사태는 자신을 돌아보라는
자연의 가르침

　코로나19 사태가 지구상에 덮쳐오기 직전 스님이 내린 법어는 마치 미래를 예측하고 인간이 행해야 할 도리를 설파한 것 같다.
　이 사태에 임하는 대중에게 내리는 스님의 말씀 한 대목이다.

눈 가운데 티끌 없으니 긁으려 하지 말고
거울 가운데 먼지 없으니 닦으려 하지 말라
발을 디뎌 문을 나가 큰 길을 행함에
주장자를 횡으로 메고 산 노래를 부름이로다
산은 산이요, 물은 물이로다.

사람들은 코로나가 사람을 고통스럽게 하는 나쁜 병원균임을 알지만, 도대체 어디서 오는지를 알 수가 없다. 스님의 법어는 괜한 남 탓 하지 말라는 의미였다. "산은 산이요 물은 물이로다" 이 말은 바로 자신을 돌아보면 물 흐르듯 자연의 이치를 제대로 보아야 한다는 뜻일 것이다. 스님의 훈계는 조계종 산하 스님들에게 일종의 지침으로 회자된다.

"해마다 반복되는 결제와 해제에 빠지지 않는 사부대중이 가상하기는 하지만 부처님 법을 배우는 목적은 자기사己事를 밝히는 데 있다.

이번 결제 동안 부지런히 정진해서 각자의 화두를 타파하여 확철대오하게 되면 모든 부처님과 역대 조사들과 어깨를 나란히 하게 된다. 그때는 이 사바세계가 그대로 불국토가 되고, 팔만사천 번뇌가 그대로 반야 지혜가 되는 것이다.

화두가 있는 이는 각자의 화두를 챙기되, 화두가 없는 이는 '부모에게 나기 전에 어떤 것이 참 나인가?'하는 이 화두를 자나 깨나, 앉으나 서나, 밥을 먹으나 산책을 하나 일체처 일체시에 화두를 챙기고 의심하여야 할 것이라.

중국 선종의 4대 조사 도신道信선사 당시에 우두牛頭 법융法融스님이 있었다. 우두 스님이 젊은 시절에 혼자서 정진을 하고 있노라면, 온갖 새들이 꽃을 물어 와서 공부하는 자리에는 항상 꽃이 수북이 쌓여 있었고, 공양 때에는 천녀들이 공양을 지어 올렸다.

하루는 우두스님이 도신선사를 찾아뵙고 그간에 공부했던 것을 말씀드렸다. 도신선사께서 그것을 들으시고는, '네가 그러한 삿된 소견을 가지고 어찌 불법을 알았다고 할 수 있느냐?'하시며 직하에 방망이를 내리셨다.

무릇, 세상 사람들이 볼 때에는 온갖 새가 꽃을 물어 나르고 천녀가 공양을 올렸으니 큰 스님 중의 큰 스님이라고 여길 것이다. 그러나 불법의 근본진리를 아는 사람이 보건대는, 그것은 몇 푼어치 안 되는 살림살이다.

우두스님이 도신선사께 법 방망이를 맞고 분발하여 다시 정진을 하니 새들이 꽃을 물어오지 않았고, 천녀들도 공양을 지어 올리지 않았다.

이렇듯 대적삼매大寂三昧를 수용하면 모든 성인들도 그 사람을 보지 못하고, 천룡팔부千龍八部나 귀신·선신들은 더더욱 볼 수 없으며, 온갖 새와 짐승들은 말할 것도 없다.

광대무변한 진리의 심오한 세계는 스승 없이 혼자서는

깨달음의 노래

다 알았다 할 수 없기에 반드시 먼저 깨달은 눈 밝은 선지식을 의지해서 점검받고 인가를 받아야 하는 것이로다. 스승 없이, 점검을 받지 아니하고 알았다고 하는 사람이 요즈음도 부지기수인데, 그것은 다 외도의 소견에 집을 지어 가지고 있다.

그래서 부처님께서도 '무사자오 천마외도無師自悟 天魔外道', 즉 정법을 이은 선지식으로부터 점검받은 바 없이 깨달았다 하는 자는 천마이고 외도일 뿐이라고 못을 박아놓으신 것이로다.

그 후 오랜 세월이 지나서 어느 스님이 남전南泉선사께 여쭙기를, '우두스님에게 새들이 꽃을 물어다 바치고 천녀가 공양을 지어 올리는 것은 어떻습니까?' 하니, 남전선사께서는 '걸음 걸음이 부처님의 계단을 올라간다'라고 답하셨다.

'도신선사로부터 방망이를 맞은 후, 새들이 꽃을 물어 오지 않고 천녀들도 공양을 올리지 아니한 때는 어떻습니까?'

'설령 온갖 새들과 천녀가 오지 않는다 해도 나의 도에 비하면 실 한 오라기에도 미치지 못하느니라.'

이와 같이 부처님 진리에도 깊고 얕은 세계가 있다.

그러니 여러 대중은 이러한 법문을 잘 새겨듣고서, 공부를 지어가다가 반짝 나타나는 하찮은 경계들을 가지고 살림으로 삼아 자칫 중도에 머무르게 되는 오류를 범하지 말고, 부처님의 정안을 밝히는 데 근간을 두고서 철저히 수행해야 할 것이다.

부처님께서 2600년 전 납월 8일에 새벽 별을 보고 깨달으신 광대무변한 진리의 법은 감출 수도 없고 덮을 수도 없으며, 그때나 지금이나 변함이 없다. 부처님께서 불법을 밝힌 순간이 이러했다.

또한 부처님께서 일념삼매−念三昧에 들어서 보는 것도 잊고, 듣는 것도 잊은 상태에서 새벽 별을 보는 찰나에 깨달으신 과정도 변함없는 진리이다. 일념삼매 없이는 깨달음도 없다. 수행 스님들의 일생은 찰나이다. 길어야 8~90년인 인간사 또한 이러할 것이다."

기자는 다소 길어진 스님의 말씀임에도 전문을 수록했다. 명문장이거니와 한 마디 한 마디 곱씹을수록 맛을 느낄 수 있기에 전문을 실었다.

깨달음의 노래 🪷

부모에게 나기 전에 어떤 것이 참 나인가?

"습관처럼 좌복에 앉아서 번뇌망상으로 시간을 보내거나, 혼침에 빠져 있거나, 게으른 마음으로 방일한다면 천불千佛 만조사萬祖師가 출현해서 깨달을 수 없음이라. 하루에도 천 번 만 번 화두를 챙기고 의심하고, 또 챙기고 의심하여만 진의심이 발동 걸리게 됨이니 노력하고 또 노력해야 할 것이라. 화두가 있는 이는 각자의 화두를 참구하되, 화두가 없는 이는 '부모에게 나기 전에 어떤 것이 참 나인가?'하고 이 화두를 챙기고 의심할지어다."

스님이 전해주신 남전선사와 조주스님의 이야기는 불가에서 자주 회자된다.

마조馬祖 도일道—선사에 관한 이야기는 불가에서 전설

'나'를 참 구하는 것이 이 시대를 이겨내는 지름길

로 회자된다. 마조선사의 출중한 제자 남전선사가 회상을 여니 각처에서 스님들과 신도들이 모여들었다. 하루는 한 노승이 10세 미만의 동자승을 데리고 남전선사를 친견하러 왔다. 노스님이 먼저 남전선사를 친견하고 청을 했다.

"제가 데려온 아이가 아주 영특한데, 저로서는 저 아이를 훌륭한 인재로 키울 능력이 없습니다." 노스님은 물러나와 그 동자승을 조실 방으로 들여보냈다. 동자승이 인사를 올리니, 남전선사는 누운 채로 인사를 받으며 물었다.

"어디서 왔느냐?"

"서상원瑞像院에서 왔습니다."

"서상원에서 왔을진대, 상서로운 상을 보았느냐?"

"상서로운 상은 보지 못했지만, 누워 계시는 부처님은 뵈었습니다."

동자승은 남전선사가 누워 있는 모양을 보고 한 말이다. 남전선사는 이 말에 놀라, 그제서야 일어나 앉으며 물으셨다.

"네가 주인이 있는 사미냐, 주인이 없는 사미냐?"

"주인이 있습니다."

"너의 주인이 누구인고?"

"스님, 정월이 대단히 추우니 스님께서는 귀하신 법체

깨달음의 노래

유의하시옵소서."

남전선사는 기특히 여겨 원주를 불러 "이 아이를 깨끗한 방에 잘 모셔라" 일렀다. 이 사미승이 바로 '조주고불趙州古佛'이라는 조주스님이다. 도를 깨달은 바 없는 10세 어린아이임에도 깨우침에 이르렀던 것이다. 부처님의 견성법은 한 번 확철히 깨달을 것 같으면, 몸을 바꾸어 와도 결코 변하지 않고, 항상 밝아 그대로 있다. 조주스님은 여기에서 남전선사의 제자가 되어 다년간 시자하면서 부처의 진안목을 갖추어 남전 선사의 법을 이었다.

그 후 조주선사는 80세가 되도록 행각을 다닌 후에 회상을 여니, 한 수좌가 안거 석 달 동안 공부를 잘해오다가 해제일에 이르러 하직 인사를 드리니, 조주선사가 이렇게 일렀다. "부처 있는 곳에서도 머물지 말고 부처 없는 곳에서도 급히 달아나서 삼천리 밖에서 사람을 만나거든 그릇들어 말하지 말라" 그러면서 덧붙였다.

"버들잎을 따고 버들잎을 딴다摘楊花摘楊花. 하루에 천리를 달리는 오추마라도 따라잡기 어렵느니라千里烏騅追不得."

세월의 영속함과 무상함을 이르는 말이다.

참된 나를 참 구하는 것이 불자의 의무

코로나 사태는 인류가 한번도 겪어보지 않은 인류적 재앙이다. 인류는 이제 바이러스의 공격에서 살아남아야 생명을 이어갈 수 있는 시대로 접어들고 있다. 과학과 의학이 힘을 합쳐 백신을 개발해낸다 하더라도 바이러스는 또 다른 형태로 인간을 공격할 것이다.

스님은 코로나 사태에 인간이 반드시 가져야 할 품격과 태도를 법문으로 내렸다.

그러면서 일반 대중들이 습득하면 삶에 큰 보탬이 될 참선법을 소개했다. 오로지 스님들만이 할 수 있다는 고정관념을 깼다. 모든 사람에게 전파해 부처님과 같은 진리의 기쁨을 누리게 하려는 스님의 의지에서 비롯된다. 부산 시내 외곽에 해운정사를 창건하고 선원을 개설한 데는 불교대중화라는 대의가 있었다. 승속을 막론하고 접근하기 쉬우면서도 엄격한 참선법을 인도함으로써 선의 대중화, 불교적 삶의 생활화에 매진했다. 어언 45년이나 이어졌다. 대선사로 추앙받는 성철이나 향곡의 삶은 대중들에게는 버겁다. 하지만 이를 일반인이 접근할 수 있도록 생활화하는데 스님은 온 힘을 쏟았다.

스님은 코로나19 사태로 미증유의 고통을 받고 있는 속세인들에게 이렇게 일러준다.

"부처님께서 도솔천에 계시다가 백상白象을 타고 마야부인 태중에 잉태하사, 10개월 후 금빛 몸으로 나오셨도다. 사방으로 성큼성큼 일곱 걸음 한 후, 한 손으로는 하늘을 가리키고 다른 한 손으로는 땅을 가리키며, '하늘 위와 하늘 아래 오직 나만이 홀로 높음이라天上天下 唯我獨尊.' 부처님의 강생降生은 법계 만유의 중생을 위한 대자대비의 시현입니다.

'본래부처'를 선언하심이요, 생명의 존엄을 천명하심이요, 인류에 지혜광명을 비추심이요, 인류의 나아갈 길을 제시한 것입니다.

'나'를 참 구하는 것이 이 시대를 이겨내는 지름길

어두울수록 등불을 찾듯이, 혼탁의 시대일수록 부처님께서 사바세계에 오신 참뜻을 알아야 합니다. 모든 불자들은 인류의 화합과 공생의 연등을 켭시다.

전 세계적으로 발병한 코로나 질병은 인간의 무분별한 개발로 인한 생태계의 파괴와 환경오염, 인간의 극단적 이기심과 탐욕의 결과입니다.

지금 전 세계의 대처는 속수무책이고 과학기술의 무력함이 드러나면서 동양의 정신문화가 주목받고 있습니다.

'천지가 나와 더불어 한 뿌리요, 모든 존재가 나와 더불어 한 몸이라.'

인간과 자연, 유정과 무정이 우리와 유기적 관계입니다.

이웃 없이 나만 홀로 존재할 수 없고, 땅을 딛지 않고 살아갈 수 없습니다. 만물은 나와 더불어 둘이 아닙니다. 환경과 생태의 파괴는 곧 인류와 지구촌의 위기입니다."

스님은 참 나를 참 구하는 것이야말로 이 시대를 이겨내는 지름길임을 강조한다.

"나고 날 적마다 질병과 고통에서 벗어나서 출세와 복락을 누리고자 할진대, 일상생활 속에서 '부모에게 나기 전에

깨달음의 노래

어떤 것이 참 나인가?' 하고 이 화두를 들고 오매불망 의심하고 의심하여 일념이 지속되게 혼신의 노력을 다하십시오. 그러면 밝은 지혜를 갖추어서 모든 경영에 앞서가고 진리의 지도자가 되고 평화롭고 행복한 일생이 될 것입니다."

스님의 명성은 널리 해외에서도 널리 알려져 있다. 태국의 선승 틱낫한이 대중불교를 지향했다면 진제스님은 동양정신문화의 정수인 간화선을 대중화시킨 선승으로 유명하다. 부산 벡스코BEXCO에서 750년 만에 재현된 '백고좌 대법회'의 법주로써 전세계 사부대중에게 한국불교의 법력을 널리 설파했다. 간화선을 세계에 널리 전파하고 세계평화에 기여하기 위해 미국 뉴욕의 리버사이드 교회에서 2000여 대중에게 간화선 세계평화대법회를 주재하기도 했다.

지난 겨울 동안거 결제일에도 스님은 제자들을 호되게 꾸짖었다. 대오견성하여 활개치는 이가 없으니 애석하다고 했다. 그러면서 그 이유를 풀이했다.

"결제대중이 삼동구순 동안 산문을 폐쇄하고 세상과 단절하면서 밤낮없이 용맹정진한 것은 가상한 일이나, 대장부의 활개를 치고 나오는 사람이 없으니 애석하기 짝이 없음이라. 어째서 그러한가? 중생들은 억겁다생에 지은 반연과 습기의 업으로 인해 혼침과 망상으로 시간을 다 보냈기 때문이라. 나고 죽는 생사윤회의 고통에서 벗어나는 일이 한 번의 발심으로 되는 것도 아니고, 남이 하니까 따라서 한번 해보는 것으로 되는 것이 아니라, 백절불굴의 용기를 가지고 결제와 해제에 무관하게 전 생애를 걸어야 한다."

스님은 시퍼런 칼날 위를 걷듯이 온 정신을 화두에 모아야만, 육근육식六根六識의 경계를 다 잊고 일념삼매에 들어 홀연히 대오견성하게 된다고 가르친다. 새벽이 오면 반드시 날이 밝듯이 깨달음은 저절로 오게 된다.

스님이 걸어온 길

1934년 경남 남해군 삼동면에서 출생

1953년 해인사에서 출가, 석우 선사를 은사로 사미계 수지

1958년 통도사에서 자운 스님을 계사로 구족계 수지

1967년 향곡선사로부터 제79대 법손 인가,

        경허-혜월-운봉-향곡에 이어 정법맥 계승

1971년 부산 해운대에 해운정사 창건

1991년 선학원 이사장, 중앙선원 조실

1996년 대한불교조계종 기본선원 조실

2002년 부산 해운정사 국제무차선대법회 법주

2004년 대한불교조계종 대종사

2009년 부산 벡스코 백고좌대법회 법주

2012년 대한불교조계종 제13대 종정

2013년 대한불교조계종 간화선대법회 법주

2013년 대구 팔공총림 동화사 방장

2017년 대한불교조계종 제14대 종정

우주 전체가 하나인
동시에 내가 우주다

승좌식을 생략하고 그 돈을 기부하다

2018년 4월 춘사월 영축총림 통도사 방장으로 추대된 성파스님은 오래전부터 이어져 온 관행을 거부했다. 승좌식이란 엄숙하고도 장엄한 축제의 일환이다. 스님은 취임식 법회인 승좌식을 아예 생략해버렸다. 방장이란 종정과 같은 반열의 무거운 직책이다. 법랍 40년을 넘긴 대덕 선승들 가운데에서도 사부대중은 물론, 제자들이 천거해야 오를 수 있는 법계이다. 그래서 아무나 하는 자리가 아니다.

총림의 정신적 지도자로 무릇 사바 세계 대중은 물론이요 뭇 스님들의 존경을 한 몸에 받아야 한다. 그래서 무거운 자리일 수밖에 없다. 산 중의 스님도 인간이다. 그렇기에 방장 자리는 영광이고 가문의 영광일 수밖에 없다.

하지만, 수행자에게 세속적 영광이란 별 소용이 없는 것이다.

스님은 승좌식 속칭 취임식을 거부했다. 신라 자장율사가 창건했고, 부처님의 진신사리를 모셔서 삼보사찰 가운데 으뜸으로 치는 통도사. 여법하게 방장 추대법회를 열어 모시고 싶어하는 통도사 문도들의 바람을 마다하고 대신, 승좌식에 쓸 비용을 '아름다운동행'(당시 이사장은 조계종 총무원장 설정스님)에 기부했다. 소아암 치료비에 보태쓰라고 건넨 것이다. 5000만원 정도이니 적은 돈이 아님에도 스님은 그렇게 실행했다.

스님에게도 방장은 존귀한 자리다. 스님은 기자들에게 그랬다. 방장이란 보석처럼 고귀한 자리가 어느 날 물 흐르듯 오더란다.

"사부대중 눈치는 좀 보게 됩디다. 그 나름의 역할이란 게 있으니... 타의 모범이 돼야 한다느니, (나는)그런 것도 없고... 방장을 꿈꾼 적이 한 번도 없어. 물 흐르듯 오다 보니 어느 날 자연스레 온 거죠. 이 자리에서도 뭘 어떻게 한다기보다는 꾸밈없이 억지없이 하는 겁니다."

우주 전체가 하나인 동시에 내가 우주다

스님은 유서 깊은 통도사를 안고 있는 영축산 깊숙한 곳에 아담하게 자리잡은 서운암에서 주석한다. 서운암은 예전엔 거의 초막 수준이었다. 그 한적한 법당을 손수 수리하고 일궈내 도 닦는 수행에 맞는 어렷한 도량으로 가꿨다.

젊은 시절 스님은 지혜를 찾아 눈 밝은 선지식을 발견하려 애썼다고 고백했다. 그 과정에 발견한 것이 농사였다. 선방에 방부를 들이고 만행하던 시절을 제외하곤 계속 통도사에 머무르며 선농일치의 가풍을 수립했다.

손수 농사를 짓고 부처님의 가르침을 실천하는 삶을 잇고 있다.

스님은 부처님오신날이 사월초파일로 불리던 당시 출가했다. 그 당시엔 사찰에 내걸리는 연등을 모두 손으로 만들었다. 일일이 손으로 대나무와 철사로 등살을 만들고 색종이 주름을 접어 풀칠해 만들었다. 정성이 들어가지 않고는 연등을 만들 수가 없었던 시절이었다. 요즘엔 공장에서 찍어 대량으로 만드는 연등이 대부분이지만 그 당시엔 그렇게 불가의 최대 명절을 맞았다.

요즘엔 공장에서 대량으로 만든 연등 덕분에 부처님오신날 행사가 더욱 화려해지고 훨씬 규모도 커졌다. 스님은 손으로 연등 만드는데 이골이 났다고 전했다.

　"화려하고 규모가 커진 만큼 정성과 의미를 마음에 새기는 것을 간과해선 안 되지요. 우리 스님네들은 중생의 고통을 해소하고 중생이 행복해질 수 있는 일을 하는 걸 수행으로 여길 줄 알아야 합니다."

우주 전체가 하나인 동시에 내가 우주다

제자들에게 쓴소리하는 서릿발 스승

"신심이 부족하기 때문에 감동이 없고, 감동이 부족하니까 자꾸 회의적인 생각이 드는 것이지요. 스님들의 위의가 여법하고 바르면 법도 존중받겠지만 스님들이 여법하지 못한 모습을 보이고 가르침대로 실천하는 모습을 보여주지 못하면 감동이 일어날 수 없어요."

스님은 훌륭한 경전을 많이 보는 것보다는 자신에게 맞는 경전을 독파할 것을 추천한다.

"좋은 음식이 많고 많지만 그게 다 몸에 좋은 것은 아니듯 적당히, 알맞게 먹어야 하는 이치가 그것이다. 많이 안다는 것이 좋은 일인지는 모르겠지만 반드시 옳은 것은 아

깨달음의 노래

니지요."

영축총림의 정신적 지도자인 방장 성파스님의 여름, 겨울 안거는 정숙하고 고요하다. 그러면서도 서슬퍼런 수행의 결기로 응축되어 있다.

연중 두 차례 실행하는 안거는 부처님 당시부터 내려오는 가장 중요한 불교식 수행 방식이다. 부처님 당시 인도에서는 비가 많이 오는 우기 석 달 혹은 넉 달 동안 일정한 공간에 함께 모여 공부하고 실력을 쌓았다. 산 속 나무 밑이나 무덤 근처에서 잠을 자고 탁발하며 대중과 만났지만, 안거 때는 일정 기간 한 곳에 모여 함께 공부했다. 간혹 일행중에 누군가 게으름 피운다는 소리가 들리면 즉각 불호령으로 서로를 경책하곤 했다.

서릿발같은 안거 중에도 스님들은 스스럼없이 스승이나 선배에 다가간다. 자신이 스승임에도 설법을 듣고 지도받으며 수행하고 다음 시절 포교에 대비해 옷가지를 매만진다. 탁발을 하지 않기 때문에 신자들은 안거 중인 비구들을 찾아와 옷과 음식을 제공하고 설법을 들었다. 이렇게 우기를 보내고 마지막 날에는 반성하는 모임을 열었다. 수행자가 아프거나 안거 지역에 재난이 생기는 등 극히

우주 전체가 하나인 동시에 내가 우주다

예외를 제외하고는 절대 안거 장소를 벗어나지 않았다. 겨울, 여름 안거는 불교에서 가장 중요한 수행 전통이자 수행자를 평가하는 중요한 잣대였다. 전 세계적인 불교 수행법에서 한국은 독보적이다. 그 전통이 훼손되지 않고 원형 그대로 간직하며 지금도 존속하고 있는 유일한 나라가 한국이다. 1700여 년 역시 동안 수많은 외부 공격과 내부 부패에도 불구하고 흔들리지 않고 정법을 유지하는 데는 살아있는 수행, 끊임없는 경책으로 채찍질하는 전통이 남아 있기 때문이다. 석가모니의 수행 전통과 문화를 부처님 당시 모습 그대로 소중하게 지켜온 그 힘으로 인해 한국 불교는 불어닥친 숱한 고난을 이겨냈다.

깨달음의 노래

대중과 함께하는 안거

스님의 겨울과 여름 안거는 대중과 함께하는 독특한 유형이다. 신도들과 같은 시공간에서 숨 쉬고 일하며 참선한다. 홀로 독야청청 도 닦는 여타 스님들의 안거 유형과는 다르다. 솔직히 법력 높은 대선사의 수행은 일반 불자들이 실행하기에는 버겁다. 대중과 함께하는 스님의 생활 속 수행은 오로지 신념에 따른 것이다.

불기 2564년 경자년 하안거 결제일은 마침 현충일과 겹쳤다. 스님은 대중에게 묵념을 청했다.

"왜 묵념을 하는가요? 1950년 4월 6·25전쟁 때 낙동강 전선에서 부상자들이 발생했는데, 여기 통도사가 육군 병원의 분원이 되었지요. 중상자만 들어오도록 했어요. 1952

우주 전체가 하나인 동시에 내가 우주다

년 7월에 철수할 때까지 중상자가 많아 거의 매일 10구씩 화장을 했답니다. 2년 넘게 했으니 그 사상자 숫자가 어찌 되었겠는가. 결제날이 마침 현충일이기에 선혈에 대한 묵념을 법문에 앞서 하는 것입니다.

통도사가 375년에 창건된 이후 많은 풍상과 영욕을 겪으며 오늘에 이르렀습니다. 우리 수좌들은 너무 세상에 신경쓰지 말고 끄달려서는 안됩니다. 본인이 알이 꽉차 있으면 언제든 스스로 싹을 틔워 할 수 있는 것입니다."

법어를 내리기 전 스님은 시 한 수를 내렸다.

색을 볼 때 색에 간섭받지 않고
소리를 들어도 구하지 않네
색과 소리에 걸리지 않은 곳에서
친히 법왕성에 이르리라

법당에 동석한 한 기자가 안거의 의미를 물으니 스님은 온화하게 그 의미를 설명해주었다.

"구순 안거 동안 화두 참구에 성심을 다하여 화두가 타파되면 성색聲色이 끊어진 경지에서 세상을 보게 될 것입니다. 성색에 끄달리지 않아야 증애와 시비가 일어나지 않고, 증애와 시비가 일어나지 않아야 일체 인연을 바라밀 실천으로 활용할 수 있습니다.

깊은 산 속의 수행도량만이 아닌 시끄러운 곳에서도 능히 챙길 수 있는 것이 화두이고 보리심입니다. 역경에서도 흔들림 없는 정진이 가능하다면 세상에 수행 아닌 것이 없습니다. 대하는 경계마다 숙업에 끄달리지 않으면 모두가 보리심이요, 시비에 끄달리면 모두가 번뇌입니다. 행주좌와 어묵동정에 성성하게 수행에 전념할 수 있는 방법이 바로 화두입니다. 안거 동안에 모두가 증애와 시비가 끊어진 경지에서 무생가를 부를 수 있도록 정진해야 합니다."

영축산靈鷲山 통도사는 불교역사를 간직하고 있다. 영축이란 석가모니의 정취를 그대로 빼닮은 듯하다 해서 산 이름으로 붙여졌다고 전한다. 석가모니가 화엄경을 설법했다는 고대 인도의 산 이름이 영축 혹은 영취라 부른다. 영축산은 산 이름 그대로 사방 백리가 준엄하면서도 장엄한 산세를 연출하는 뽐새가 석가의 도력을 발산하는 듯하다. 신라 때 자장율사가 창건한 고찰 통도사는 해인사·송

우주 전체가 하나인 동시에 내가 우주다

광사와 함께 한국의 3대 사찰로 꼽히는 불보佛寶의 도량이다. 스님은 소탈한 신중 수좌스님이 생을 수행 중에 그대로 재현하고 있다. 시 한 수를 내주면서 말씀을 이어갔다.

산나물 먹고 사는 살림 언제나 넉넉하고
구름 벗 삼아 살아가니 늘 한가롭네
천 리 옛고향 오늘에 돌아왔으니
영축산 신령스런 경치 선관을 열어주네.

"소식과 약석으로 살아가니 번다함이 없어지고 육화六和로 화합하니 솔바람 물소리가 무진법문이 되었습니다. 영축산 선풍에 총림대중이 모두 옛고향에 돌아오게 되었으니 어찌 기쁘지 않겠습니까? 모두가 일을 마친 한가한 도인이라 할 만합니다.

만나는 사람마다 영축산 소식을 묻거든 자장매는 올해도 때맞추어 붉게 피어서 무진법문을 설하고 있다고 전해주었으면 합니다. 지난해의 향기보다 더욱 진하고 붉다고!"

고요한 시냇물 거문고는 구름 속에 울리고
아련한 솔비파 소리는 달빛 가운데 들리네

깨달음의 노래

이번 떠나가면 반드시 문수를 친견하리니
설법단에 산과 바다가 예배하리

　스님은 총림 대중에게 행한 시 한 수를 기자에게도 소
개했다. 인터뷰 중간 시를 읊는 스님은 도인 그 모습이다.
'그림자 없는 나무에 붉은 꽃 만발하네' 제목의 이 시는
특별한 깨우침을 준다.

그루 그림자 없는 나무를
불 가운데 옮겨 심었네
춘삼월의 비를 빌리지 않아도
붉은 꽃이 어지러이 피어나네

　"결제와 해제가 없이 늘 힘써 정진해야 하지만 스스로
느슨한 마음을 단속하고 가행정진을 다짐해야 합니다. 그
러므로 부처님께서는 대중이 산문 출입을 삼가며 계율을
엄정히 지키고 정진에 힘쓰도록 안거 제도를 시행하셨습니
다. 일체 현인, 성인이 증득한 법이 모두 무위법無爲法이나
그 일에 차별이 있으니 성문은 사제四諦를 수행하고, 연각
은 십이인연十二因緣을 닦으며, 보살은 육바라밀六波羅密을 실

우주 전체가 하나인 동시에 내가 우주다

천합니다.

총림의 수선납자는 오직 화두참구 하기를 머리에 붙은 불을 끄듯이, 목마른 자가 물을 구하듯이 간절하게 대의심·대분심·대신심을 일으켜 바로 화두를 타파하고 여래지에 이르게 하는 방법으로 수행합니다.

화두참구가 성성하게 되면 무아의 이치가 드러나고, 무아를 체득하면 다른 인연이 없어지며, 마음에 다른 인연이 없어지면 그 마음이 청정하기가 허공과 같아져서 부처님과 조사의 신통묘용이 여기에서 드러나게 됩니다. 비록 그러하나 견해에는 천 가지로 차별이 있으며, 그 차이는 한 생각에서 일어납니다. 한 생각의 차이에서 나누어지는 것이 천지와 같습니다."

평등한 성품에는 너와 내가 없고
크고 둥근 거울 앞에서는 친소가 없도다
때로 어깨에 메고 산을 향해 가면
바로 천봉 만령에 이르리라

"우리 통도사 천산 백령 창건 이래로 처음으로 새로 선방을 지었습니다. 이번이 첫 철입니다. 이 선방은 비로암에 계시는 전임 방장스님(원명스님)께서 '내가 이 선방을 꼭 짓고 말 거다. 왜냐하면 선원에 관람객이 많이 와 시끄럽고 또 화엄살림을 하니 시끄럽고 이래서 대대로 역대로 불편함이 많았습니다. 그래서 원명스님께서 방장으로 부임하셔가지고 '이 문제만은 해결하겠다.' 그래서 선방을 새로 지어 수좌스님을 잘 제접하게 되었고 나아가서 훌륭한 대선사를 많이 배출해야겠다. 그래서 원력을 세워 시작했습니다. 원산 스님께서 주재하고 주지스님께서도 추스르고 정리하셔서 금년 동안거에 첫 철을 나게 되었습니다. 이야말로 우리가 강하게 생각해야 되고 역대 부처님은 물론이 역대 조사나 선사들이 불교를 위해 후생을 위해 부단히 노력하고 도량을 가꾸도록 우리가 수행을 잘해야 되겠다.

항상 감사하는 마음을 갖고... 감사한 마음이 없고 항상 원망하고 불평하면 자기 스스로가 불평불만이 있는 것이지 상대에게 있는 것이 아닙니다."

우주 전체가 하나인 동시에 내가 우주다

도자대장경을 제작하고 봉안하다

　　40대에 벌써 통도사 주지를 지낸 데 이어 소임을 내려 놓은 뒤 스님은 줄곧 서운암에 머물며 도자대장경 불사를 시작했다. 10년에 걸쳐 남북통일 발원을 담은 도자대장경 조성이라는 대작불사를 일궈냈다. 도자대장경은 해인사의 팔만대장경을 흙판에 옮겨적고 이를 불에 구워낸 것으로, 16만 1,500개나 된다.

　　도자대장경을 제작하고 봉안한 장경각 건축을 마무리 하기까지 20여 성상의 세월을 하루처럼 헌신했다. 참으로 도자대장경 불사는 세계 최초 유일무이한 업적을 일궈냈고 스님의 대원력이 있었기에 가능한 사업이었다. 2600년을 이어온 부처님의 가르침은 다양한 형태로 전해져왔다. 우리나라에 전해진 불교는 700여년 전 고려팔만대장경을

깨달음의 노래

탄생시켰다. 거란의 침입에 맞서 부처님의 위신력으로 국난을 극복하고자 초조대장경이 각판됐으나 지금에 와서 초초대장경은 거의 남아 있지 않다. 이어 몽고의 침입으로부터 국가와 민족을 지켜내고자 팔만대장경이 탄생했고 세계문화유산으로 선택되어 오늘에 이르러 만인에게 불법을 전수해주는 도구가 되고 있다.

스님이 전하는 도자대장경 제작 과정 중의 경험담 한 대목이다.

"도자대장경을 1991년부터 2000년까지, 장경각을 2010년까지 만들었어요. 거란과 몽고의 침략을 부처님의 힘으로 물리치려는 게 대장경이잖아. 호국불교의 정화지, 난 16만 1,500개나 되는 도자대장경에 통일의 염원을 담았어요.

불경을 새기려면 가로세로가 흙으로 만들어진 판이 50~60㎝는 되어야 합니다. 국내에는 30㎝ 이상의 판이 없어서 일본으로 갔는데 배울 수가 없었어요. 다시 돌아와 경남 산청에서 나는 고령토로 흙판을 만들기로 했지요."

우주 전체가 하나인 동시에 내가 우주다

사명대사의 가르침을 전하다

스님은 후학들에게 "공부라는 것은 법문이나 언구에 안 매달리면 안 된다"고 주의를 준다. 세상을 살아가는 기자에게도 가르침을 주셨다.

"손가락으로 달을 가리키면 달이 손가락에 있는 것이 아니라고 했습니다. 한로는 천하에 영특한 개인데 흙덩이를 던지면 흙덩이를 따라가고 사자는 흙덩이를 던진 사람을 문다 이 말이여, 그래서 흙덩이를 따라가느냐 바로 가야 하느냐 어떤 팔만사천 법문이라도 낙천을 모르면 흙덩이를 따라간다. 그래서 바로 보면 된다. 이 말이여!"

부처님오신날을 기해 기자들과 만났을 때 행한 후일담

깨달음의 노래

을 들려주었다. 당시 기자들에게 통도사 사적기를 들려주었는데, 다음은 사명대사에 대한 사적기 한 토막이다.

통도사 사적기를 보면 신라 때 자장 스님이 부처님 진신 사리를 모셨고 그 다음에 누가 중수하고 누가 중수하고 이랬는데 중수가 몇 번 안됩니다. 다 해봐야 네 번인가? 그럼 통도사하고는 무슨 관계냐 이렇게 말 할 수 있거든요. 근데 통도사 사리탑을 중수 한 분 중의 한 분입니다. 임진왜란 당시 통도사가 전화를 입어 많이 소실됐을 때 이 복원작업을 선심하셨다 그랬거든. 그래서 지금 사명암이 있습니다. 아마 사명암은 통도사 밖에 없을 건데... 사명스님이 거기서 초막을 짓고 거기서 거처하면서 통도사를 복원할라고 했답니다.

임진왜란이 끝날 때 일본군이 철수하면서 울산에서 마지막으로 있으면서 담판을 지을 때 사명스님이 왜장 이런 사람들하고 담판을 지었으니까 통도사에 거처를 하지 않았겠나.

임란이 끝나고 강화조약 교섭 당시 가등청정, 소서행장 등이 한반도에 들어왔다 나갈 때 울산에서 모여가지고 최종 철수를 앞두고 있었어요. 하삼도 즉, 조선 남쪽 3도를 내놔라 했거든. 3도를 내놓으면 우리가 말 더 이상 안 하

우주 전체가 하나인 동시에 내가 우주다

겠다. 이래가지고 그것은 마지막 담판이라. 그렇지 않으면 전쟁을 하겠다 이런 거고...

그런데 담판하러 갈 사람이 아무도 갈 사람이 없었어요. 적진이잖아요. 적진을 일부러 들어갈 수 있나요? 그래서 사명대사가 자원했거나 뭐 뽑혔던 간에 사명대사가 울산 적진에 들어갔어요. 이야기로는 뭐 여러 가지가 이야기가 있겠지만 술을 한잔 건배하는데 장군들이니까 건배하는데 가등청정이 고기를 한 점 칼끝에 콱 찔러가지고 먹는 시늉을 했대요. 안주 먹으라고... 근데 사명대사는 눈 하나 깜짝 안 했어요. 칼을 입에 갖다 대니 적장이 보기에 스님이 뭔가 당황하던지 아닌지 표정이 있어야 될 거 아니에요. 표정이 하나 없습니다.

정신적으로 압도를 한 거지요. 왜군이 울산에 눌러앉아 전쟁하면서 적진의 사신을 직접 만나 대면하는 건 처음이었어요.

'과연 이 사람이 보통 분이 아니구나.'

거기서 감화를 받았답니다. 스님이 삼도는 못 주겠다 그랬거든. 그거는 원래 우리 땅인데 지금까지 피해준 것 만해도 얼만데 그냥 가라. 좋은말 할 때 그냥 가라. 이런 식

깨달음의 노래

으로 했는데... 왜장 한 명이 "보물이 뭐가 있냐 보물이라도 하나 내놔라." 그랬거든. 그래서 너희 나라에 보물이 있다 그랬더래요. 보물이 무엇이냐 물으니 "니 대가리가 보물이다"고 했대요.

훗날 일본에 강화조약을 맺으러 가야 되는데 조정에서 갈 사람이 없어요. 사명스님이 다시 가게 됐답니다. 동래를 거쳐 부산에서 배를 타고 가잖아요. 많은 사람들이 잘 다녀오라고 부디 건강하게 잘 다녀오라고 환송하러 나왔거든. 환송에서 동래부사는 "중이 가는데 못나가겠다"고 했대요. 그때 당시에는 억불정책이기 때문에 승려 지위가 낮았어요 국가적으로... 동래부사인 내가 갈 수 있냐. 근데 국가에서 가는 것이기 때문에 못 가겠다 이 소리는 못하고 아파서 못 나간다 한거라. 그래서 안나왔어.

스님이 가는 도중인데, 대마도 해협 풍랑이 원래 심하답니다. 옛날에는 대마해협(대한해협 = 편집자주)을 건너는 것이 사선을 넘는 거랍니다. 비바람이 불고 풍랑이 심해가지고 완전히 일엽편주라... 배가 가랑잎 놀 듯이 노니까 혼비백산하고 탄 사람은 물론 배를 모는 선원 마저도 정신을 잃었다고 해요. 그때 사명 스님이 한 수 읊은 거라.

우주 전체가 하나인 동시에 내가 우주다

海雨飛霧菩薩服 해우비접보살복

蠻風吹拂丈夫鬚 만풍취불장부수

바다에 비는 내려 보살의 옷을 적시고

오랑캐 바람은 불고불어 장부의 수염을 날리는구나

시를 읊는 스님의 태도와 풍채가 당당하기로는 말할 수 없었다고 해요. 거기에 사람들이 감복해서 정신을 차려서 뱃사공도 정신을 차리고 무사히 건너갔다는 거요.

근데 사명스님은 수염을 기른 것이 특색이라면 특색이거든. 그래서 조정에서는 중이 수염을 기르냐고 비난이 많았답니다. 수염에 대한 시비가 많으니까 스님은 "삭발은 탈속직 즉, 머리를 깎는 것은 속진을 벗어버리는 거요, 수염을 보존하는 것은 장부를 표방합니다." 장부다 이거라. 나는 장부다 이거야. 그래서 비난이나 여러 가지 말을 막았다고 합니다.

그런 수염인데 대마해협 건널 때 만풍은 취불장부수라 오랑캐 바람은 불어 장부의 수염을 날리는 거야. 그 기개가 보통이 아니잖아. 무사히 일본에 들어가서 여러 가지 시험 같은 법거량이 있었는데 일본 승려도 오고 해서... 정

깨달음의 노래

치적 무게도 달아보는 시험도 있었던거라. 당시 덕천가강 (도쿠가와 이에야스)이 그때는 제일 실권자였다고 해요. 도쿠가와는 사명스님에게 한마디 던졌어요.

石山難生草 석산난생초
房中難起雲 방중난기운
汝爾何山鳥 여이하산조
來參鳳凰群 래참봉황군

돌에는 풀이 날 수 없고
방에는 구름이 일어나기 어려운데
어느 산에 사는 잡새이기에
봉황의 무리에 왔느냐.

우리는 봉황의 무리인데 너는 어느 산의 새 새끼냐고 비아냥 댄거요. 그래서 사명대사는 응구첩대 한마디로 응대한 거요. 그 말 나오자마자 준비해놓은 듯 탁 받아 넘긴 거요.

우주 전체가 하나인 동시에 내가 우주다

我本靑山鶴 아본청산학
常遊五色雲 상유오색운
一朝雲霧盡 일조운무진
誤落野鷄群 오락야계군

나는 본래 청산에서 노니는 학인데
늘 오색구름을 타고 놀았다
하루아침에 그 구름이 사라지는 바람에
들판의 꿩 무리속에 떨어졌도다.

꿩을 야계라 하거든. 오락야계군이라 꿩 새끼 노는데
잘못 들어왔다는 것이요. 너는 어느 산의 새인데 우리 봉
황 무리에 너가 왔냐 이러니까 나는 원래 청산의 학이었
다는 의미라.

스님은 일본에 가서 책임을 다하고 강화조약을 맺어왔
거든. 이는 앞으로 이제 전쟁을 안 히겠다는 서시요. 왕자
가 그때 또 인질로 잡혀간 거라. 강화조약을 맺은 문서하
고 왕자를 포함한 포로 3천 명을 데리고 나왔어요. 동래
에 도착했거든. 근데 또 부사란 사람이 또 안 나온 거야.
그래서 있을 수 없다. 이런 정신상태로 우리 조선이 안 망

할 수 있겠나. 그래서 이거는 버르장머리를 고쳐놔야 된다 해서 스님이 장계를 올렸지. 그 장계에 내용을 보면 이러했어요.

"신이 나라에서 명을 받고 만리를 떠나는데 병이 있다 하여 나오지 아니하고 신이 만리길을 돌아오는데 또 병을 핑계로 나오지 아니하니 무슨 병이 만리보다 더 깁니까. 이것으로 먼저 참수한 후 장계를 올립니다."(당시 사명대사가 동래부사를 참수하고 선조에게 올린 선참후계 내용)

이것이 장계의 내용인데, 이 정신 상태는 있을 수 없다 이거요. 지금 어느 시대인데 이러고 있냐는 거지. 먼저 관리를 참하고 장계를 올렸다는 거요.

이어 당시 나라에서는 바로 영의정을 제수했어요. 승려에게 영의정을 줬다하면 그게 어땠을까 생각해봤습니다.*

사명대사가 임란 후에 영의정을 받았다는 것을 아는 사람이 거의 없을 거요. 영의정을 줬는데 스님은 사양했어요. 한 번 사양하고 두 번째도 사양했어요. 세 번째 사양

---

* 당시 승려는 팔천 계급이었다. 조선시대 여덟 계층의 천인 = 사노비, 승려, 백정, 무당, 광대, 상여군, 기생, 공장 = 편집자주

우주 전체가 하나인 동시에 내가 우주다

하면 거역이 됩니다. 임금의 명령을 거역한다 이거요. 그래서 두 번 사양하고 세 번째는 승낙했어요. 그래서 사흘하고 밤에 나와 버렸거든. 스님이 나오면서 지은 시가 있어요.

三日奉公 삼일봉공
不逆君命 불역군명
夜半歸山 야반귀산
不負師訓 불부사훈

사흘 동안 공무를 받든 것은
임금의 명령을 거역하지 못함이요.
야밤에 산으로 돌아간 것은
스승의 가르침을 저버리지 않음이라.

서산대사 휴정의 가르침이 있었어요. 무슨 공을 보상하면 절대로 받지 마라 한 거요. 그렇게 시를 딱 남기고 내려가서 가야산에 들어가 홍제암에 주석해 있었어요. 사명대사 시호가 홍제존자라 한 까닭이 이것이요.

호국불교라고 이름 붙은 배경

"불자인데도 살생을 행하는 승병에 참여한 이유는 무엇인가"라는 기자의 물음에 스님의 답변이 이어졌다. 무릎을 칠 수밖에 없는 비답이다.

"소아가 있고 대아가 있거든. 소아를 희생하더라도 대아를 살려야 된다 그런 뜻이 있어요. 호국이 중요하고 나라가 있어야 백성이 살고, 나라가 없으면 백성이 다 죽는다는 거요. 다 죽어나가면 누구를 위해 무슨 충성을 하고 누구를 위해서 뭘 하느냐. 그래서 살생을 살생으로만 보지 않고 크게 살리는 것을 보는 거요. 하나를 죽여 백 명을 살리는 그 백 명이 더 중요하다 이거요. 나라가 없으면 다 죽는데 무슨 소용이 있나. 그래서 불교는 한반도에 들어와 붙은 별칭

우주 전체가 하나인 동시에 내가 우주다

이 호국불교라."

"구하스님(1872~1965)이 1911년에 한일합방 될 때 통도사 주지를 했습니다. 통도사 구하스님은 총독임명장을 받아 통도사 주지가 됐거든(당시 주지 임명권은 총독부에 있었다). 통도사가 33본산인데 33본산 주지의 대표라. 그러면 항일보다는 친일에 가까워요.

그래서 구하스님은 당시에 해방되기 전까지만 하더라도 많은 사람들이 친일로 인정했지 반일로 인정하지 않았어요. 겉으로는 친일하는 걸로 하고 내용은 반일하고 이랬거든. 반일은 드러내면 안 되잖아요. 양산 출신인데 상해임시정부 윤현진이라는 사람이 임시정부 부재무부장이라. 재무부 차관인 거지. 양산 출신인데.

그 사람에게 독립자금을 그때 말로 듣기로는 엄청난 자금을 그 사람에게 직접 건네준 거지. 통도사 주지로서 재정에 빵꾸를 많이 냈는데. 아무리 은폐하고 은폐해도 재정이 빵꾸가 나잖아요. 그러면 기방에 출입해 탕진하는 것으로 했어요.

그렇게 보통으로 생각하면 안 되어. 종교인이면서도 사상가이면서도 정치인이면서도 행정가이기도 하고... 보통분

깨달음의 노래

이 아니여. 진주기생, 동래기생 뭐 이런데가 유명했답디다 옛날에는...

하여튼 한강 위로는 그쪽에 있는 사람들로, 한강 아래로는 구하스님이 기생 중에서는 대장이라.(한강 남쪽 기생들의 오라버니 같았던 구하스님으로) 주지실에서 돈 봉투를 몇 개 준비해 나뒀다가 독립군들이 밤에 습격와요. 습격하는 것을 아니까 습격하러 오면 사람죽인다 이래가지고 돈을 주거든. 그러면 독립군에게 돈을 주는 게 아니고 습격당해 뺏긴 거요. 통도사 주지실 옆에 주재소가 있었어요. 지금 파출소거든.”

우주 전체가 하나인 동시에 내가 우주다

구하스님과 기생에 얽힌 에피소드

일제강점기 통도사는 일본 경찰의 요시찰 장소였다. 영
축총림 본사 통도사의 파란만장한 역사 중 일부이다.

"당시 구하스님은 교육을 중시했어요. 한용운 스님 이런
분들을 강사 스님으로 모셨어. 백초월 스님도 강사 스님으
로 모셨어요. 독립 반일 운동으로는 아주 고수 두목들을
여기에 강사스님으로 모시고 있었거든.

바로 앞에 개울 건너 안양암인데 안양암을 한용운 스님
에게 드렸어요. 한용운 스님의 불교대전을 여기서 집필하
고 탈고만 여기서 안 했지 여기서 3분의 2를 썼어요. 여기
서 강사를 했으니까 여기에 학인 스님들이 제자였어요. 그
때 학인 스님들이 쟁쟁했어요. 제자들은 가지마라 했는데

"가야겠다"고 한 거요. 한용운 스님이 '대중이 너무 피해를 본다' 면서 대중 때문에 그렇게 떠났거든.

여기서 떠나 심우장을 만들었어요. 1919년 3.1운동이 일어날 당시 한용운 스님은 심우장에 계셨어요. 그래서 오택언 스님 등 이런 분들이 심우장에 찾아가서 독립선언문 기초에 관여했어요. 그렇게 독립운동을 했는데 선언문을 가지고 와서 신평 장날 그때는 나무를 많이 땠어요. 나뭇짐을 포개놓고 불을 질러버렸거든. 불을 지르니 시장통에 연기가 쫙 깔렸거든. 불이야 하고 소리 지르니까 동네 사람들 집 안에 있다가도 막 튀어나왔어요. 그래가지고 독립선언서를 뿌리고, 만세 불렀거든....

그때 양대응스님(1897~1968)이라는 학인 스님이 있었는데 용감했어요. 독립선언서를 오택언 등 몇 스님이 갖고 오고, 그날 만세 주동은 양대응스님이 했어요. 다행히 주재소가 신평장에는 없고 통도사에 있으니 안 잡힌 거요. 나중에 탈출했는데 구하스님은 양대응스님에게 이르기를, 양대응스님이 주동자이고 다른 사람들은 다 모른다 하기로 약속한 거요. 이를테면 양대응스님이 짊어진 거야. 구하스님이 스님에게 2백원을 줘서 함경도 이북으로 가라 한 거야. 이쪽에 있으면 안 되니 묘향산으로 보냈다고 해요. 양

우주 전체가 하나인 동시에 내가 우주다

대응스님은 공부도 잘하고 학춤을 잘 췄어요. 학춤 전수자요. 해방 이후 통도사 초대 주지를 했어. 구하스님에게 발우를 싸는 보자기가 있었어요. 거기에다 육하원칙에 의해 독립자금 준 것을 써놨어요. 몇월 몇일 날 누구에게 얼마를 줬다 이것을...

구하스님이 소위 친일파 명단에 들었어. 그랬다가 이제 그 발우에 나온 거요. 독립자금 준 것 등 여러 가지 자료를 토대로 우리가 이의신청을 해서 친일파 명단에서 빠졌습니다. 친일 명단에 오른 것을 이의신청해서 재판을 거쳐 뺐지요. 승려가 죽으면 무덤이 없어요. 당대에 끝나면 끝나거든...

기생이 역시 그래요. 기생이 독립운동을 해서 드러난 게 없거든요. 내가 노스님들에게 들은 바로는 굉장히 역할을 많이 했다고... 왜 그러냐 하면 구하스님이 한강 이남의 기생들 내막을 많이 아는 거라. 그래서 요새 같으면 정보 아닙니까. 정보를 기생이 제일 많이 아는 거라. 기방에서 일본 고관들의 밀담을 들을 수 있었던 기생들은 많은 정보를 알고 있었던 거요. 그래서 독립군들에게 정보를 주지요. 오늘 뭐 어떻게 한다 누가 와서 어떻게 뭐 할 거다 어떻게 했다 이런 정보는 기생들이 제일 빨라요. 잘 알려주고 자금도 독립군들에게 많이 대준 거요.

　또 기생들은 시주를 함부로 못했어요. 시주를 하더라도 남자 이름을 빌려서 했지.

　구하스님이 1910년에 통도사 주지가 되었을 당시 바로 언양이나 양산에 전기가 없었어요. 그래서 논을 80마지기 팔아 울산에서 통도사까지 단독으로 전기를 설치했어요. 전기를 들여가지고 여기에 통도중학교를 설립했어. 구하스님이 그만큼 개화인이라. 거기에 선생으로 계시는 분이 스님인데, 일본 유학 갔다 온 스님이 선생으로 계셨다. 당시엔 스님이고 선생이고 그랬거든. 김창숙(1879~1962)이라는 분이 있었는데 이 분이 독립지사라. 명성황후가 시해되니 만사(죽은 이를 슬퍼하여 지은 글)를 썼어요. 만사 내용이 조국을 잃어버려 한탄하는 그런 내용이거든. 그 만사를 통도중학교에서 수업시간에 칠판(흑판)에 적었거든. 적었는데 학생들이 그것을 공책에 적어갔다가 부산 자갈치 시장에서 한 학생이 불심검문에 걸려서 만사가 나왔어. 김창숙이 쓴 만사가...

　이것이 일경 조사에서 드러난 거요. 그것으로 인해 통도중학교 선생님이 징역 가고, 통도중학교가 폐교되었지. 당시 학교가 항일 운동과 관련해 폐교된 첫 번째라. 훗날 구

우주 전체가 하나인 동시에 내가 우주다

하스님이 통도중학교를 다시 살리려고 새로 재신청을 했는데 다시 살아날 수 없다는 거요. 그래서 다른 이름으로 즉, 보광중학교로 다시 한 거요. 지금도 보광중고등학교가 있어요. 국가는 사회나 위해 어떻게 해야 된다는 것은 옛날이나 지금이나 변함이 없습니다."

　스님은 기자에게 불가에서 자주 회자되는 교훈 한 마디를 들려주었다. 그것은 '동체대비'였다. 스님의 가르침을 그대로 글로 옮겼다.

'동체대비'의 의미

"불교 교리중에 동체대비라는 말이 있습니다. 모두가 아는 말이지만 또한 모를 수도 있어요. 이 지구상에 사는 존재하는 모든 생물이나 모든 것이 다 같은 한 몸으로 생각하는 것입니다. 이 우주가 전체가 하나인 동시에 내 개인이 하나의 우주다. 슬픈 일이 있으면 같이 슬퍼하고 즐거운 일이 있으면 같이 즐겨주고 그것이 동체대비이며 대자대비의 사상이지요. 그래서 항상 그런 마음을 먹는 것이 착한 것이지 다른 어떤 착한 것이 없다는 거지요. 착한 사람하고 동행하게 되면 안개 속을 지나가는 것과 같아서 옷이 젖지 않더라고…"

기자가 물었다. "꿉꿉하게 되잖아요?"

우주 전체가 하나인 동시에 내가 우주다

그러자 스님의 잔잔하고 차분한 설명이 이어졌다.

"악인하고 같이 가게 되면 분뇨와 같은 거라. 그래서 옷에 묻지 않더라도 안 좋은 냄새가 나는 거라. 그래서 항상 착한 마음을 먹으면 주위의 사람들이나 산천초목이 다 알아요. 불보살이 다 알아요. 그래서 악한 행위를 해놓고 복 많이 달라 잘 되겠다 하면 불보살이 다 알고 다 알기 때문에 안됩니다.

자기의 마음가짐 자체가 착하고, 너무 제 잘났다고 해서 높이 치켜들면 어떻게 되느냐? 물이 높은 곳에는 고이지 않거든요? 그래서 하심을 하게 되면 저 강바닥 같이 온 산의 물이 골짜기 높은 데서 다 내려옵니다. 그래서 마음이 하심을 하게 되고 넓게 가지게 되면 골짝 골짝의 물이 가만히 있어도 다 내려와서 그 물을 다 받아서 나갈 수가 있거든요. 그러니까 마음을 착하게 가지고 마음을 넓게 가지라는 것입니다. 넓게... 그러면 바닷물은 어떻게 되느냐? 강물이 아무리 내려와노 바닷물은 넘지를 안 해... 해량이라 합니다. 바다의 양... 부처님 공부하는 사람이 그 마음이 바다와 같이 해량이 돼야 됩니다.

불자들은 불법을 어느 곳에서 구하려 하지 말고 자기 마음을 닦아야... 자기 마음속에 다 부처님이 다 있어요. 자기 마음속에 부처님이 있는데 그걸 찾지 못해서 그래..."

옛이야기 같은 스님의 말씀을 글로 옮기면서 코로나 사태가 문득 떠올랐다. 마치 독사의 몸뚱이 마냥 전 세계를 휘감고 있는 코로나라는 괴물이다. 또 얼마나 많은 목숨이 희생되어야 물러날까. 코로나 사태는 여전히 끝나지 않았다. 사람들은 두려워하고 어찌할 바를 모른다.

이에 대해 스님은 나직하면서도 단호하게 인간의 '자만'을 꼬집는다. '뭐든지 하면 된다'는 생각에 취해 자연에 순응할 줄 모르는게 인간의 자만이다. 사실 '뭐든지 하면 된다'는 자신감은 현대사회를 잘살게 만드는 일종의 삶의 동력으로 작용한다. 개인의 발전과 행복에 꼭 필요한 마음가짐의 한 요소가 자신감이다. 스님의 말씀은 이런 자신감을 버리라는게 아니다. 자신감이 잘못되어 '자만'으로 흐르고 있다는 점을 짚고 있는 것이다.

스님께선 기자에게 이런 비유를 들었다.

"예전에는 달님도 믿고, 해님도 믿고, 산신도 믿었어요. 어리석어서 그런 게 아닙니다. 나를 살 수 있게끔 해주는

우주 전체가 하나인 동시에 내가 우주다

자연환경 자체를 감사하게 생각한 것이지요. 이를 미신이
라고 치부하는 것 자체가 잘못됐다는 것, 내가 소중하듯
이, 내 주위의 모든 것도 다 소중합니다. 이런 자연을 너무
무시하면 안되지요. 그래서 옛사람들은 여러 신을 믿은 것
입니다."

스님의 설명은 무릎을 치게 한다. 과연 그렇다. 꼭 신을
믿어서라기보다 개개인이 마음을 그렇게 먹는 자체를 언
급한 것이다. 바로 상대를 존중하는 자세이다. 이를 불교
용어로 하심下心이라고 한다. 첨단 과학이 발달한 현대 세
계는 자본주의가 일부 잘못 흘러가면서, 인간 밖에 있는
것을 때로 무시한다. 일부 종교인들은 자신의 믿음 외에
모든 것을 불신한다. 인간 이외 존재를 무시하는, 곧 자만
은 자연을 무시하는 것이요, 곧 자기 존재를 부정하는 행
위라는 점이다. 코로나19 사태는 자연을 무시한 인간의
자만에서 초래되었다는 의미다. 스님의 지적은 바로 이런
것이리라.

"종교에 대한 이해가 부족하면 그런 현상이 올 수도 있
다고 생각합니다. 또 종교인 자체도 그것에 맹종하느냐, 아

니냐에 따라 종교의 가치가 다르게 보일 수도 있지요. 모두 알고 있기 때문에 달리 말할 것은 없지만, 우리는 모두 스스로 알고 있는 문제이지요."

종교란, 잘못 이해하면 맹종 내지 배타적 인식을 갖기 십상이다. 종교적 진리는 면면히 이어져 온 인류의 유산이요 인류의 가장 큰 정신적 자산이다.

"(석가모니가 탄생한지) 2500여 년 전이라고 하면 오래된 것 같지만, 지금과 많이 떨어졌다고 생각하면 안 되어요. 인간의 삶은 계속 연결돼 이어져 왔기 때문이지요. 연결이 안 됐으면 격차가 있어 오래됐다고 할 수 있지만, 연결이 돼 있어 지금과 시간을 따질 게 없습니다. 시대상과 삶은 달라졌지만 진리는 변함없이 우리와 함께하고 있다는 것을 알아야 합니다."

새삼 종교의 의미를 거듭 일깨워주는 노스님의 가르침이다. 종교적 해석이 시대마다 다를 경우, 인간의 삶은 행복보다는 극단적인 전쟁으로 치닫는 경우가 더 많다.

우주 전체가 하나인 동시에 내가 우주다

"그러면 진리가 곁에 있다는 것을 어떻게 알 수 있을까요. 부처님 말씀을 잘 듣고 새겨야 합니다. 진리는 그때나 지금이나 변함없이 늘 우리와 함께하고 있어요. 따라서 일상생활에 별도로 접목할 필요가 없습니다.

부처님의 8만4000 법문은 모두 진리에 이르는 이정표입니다. 길을 모르고 헤매는 것보다 가르쳐주는 길로 간다면 쉽고 빠르게 갈 수 있지 않겠는가. 그래서 스님의 법문을 들으면서 공부하는 것이요. 그런 다음 일상 속에서 몸소 행동해야 합니다. 이를 제시한 것이 팔만대장경의 내용입니다."

앞에서 언급했지만, 스님은 도자대장경을 제작해 길이 후손에 남기는 유산을 손수 진척해 결실을 보았다. 스님의 구도 방식은 이처럼 몸으로 실천한다.

인터뷰가 끝나자 스님이 주석하는 서운암으로 가서 손수 지은 시서화 작품을 보기로 했다. 간간이 내리던 가을의 빗빙울은 그새 굵어져 있었다. 스님의 말씀은 대지에 파고드는 빗방울처럼 그렇게 불자의 가슴에 스며들고 있다.

깨달음의 노래

바람처럼 구름처럼 행과 불행은 한 몸이다

    스님은 스스로를 '풍운락자'風雲樂者라고 했다. 자유롭고, 거침이 없다. 예로부터 스님을 일컬어 '운수'雲水라고 했다. 구름처럼, 물처럼 자유로운 생을 이르는 말이다. 스님의 웃는 모습도 동자승의 천진난만한 표정을 닮았다. 노스님이지만 평생의 삶을 그렇게 바람처럼 구름처럼 살아 온 흔적이 묻어난다. 그렇게 자유로울 수 있는 것은 끝을 알 수 없는 번뇌를 극복한 용기와 인내가 내재되었기 때문이다.

    기자는 여쭈었다. "어찌하면 행복한 삶을 살 수 있나요." 스님의 비답이 이어졌다. "나도 감당 못하는 주제에 그걸 어찌 아노..."

우주 전체가 하나인 동시에 내가 우주다

"자꾸 스스로를 불행하다고 생각하는 현대인이 많아요. 음식도 먹기 싫은 것은 안 먹으면 돼. 왜 필요 없는 생각을 해서 스스로를 힘들게 만들지?"

그러면 어찌해서 마음이 편해지는가. 기자는 궁금했다. 다시금 마음 편해지는 방법을 여쭈었다.

"벽에 틈이 생기면 바람이 들어오고, 마음에 틈이 생기면 마가 끼는 거야. 행과 불행은 결코 다른 것이 아니야. 하나야. 붙어 있다는 말이지. 몸에 병은 외부에서 오지 않아. 몸 안에 있다가 약해지면 발병하는 거야. 병균과 저항력이 힘겨루기를 하고 있는 거지. 모든 것이 하나야."

세속의 즐거움이나 인간의 희로애락을 맛볼 수 없는 출가를 왜 선택했을까. 기자의 물음이었다. 스님은 "옛날 일이라 다 잊었어"라고 끊는다. 살짝 더 여쭤보았다.

"집안에 종교인이 더 있나요?"
"없어. 집안에서는 출가를 반대했어."

스님은 속칭 귀신잡는 해병 출신이다. 한국전쟁 끝나고 바로 해병대에 입대한 스님은 선임들이 모두 인천상륙작전이나 백마고지전투에서 살아남은 병사들이었다고 했다. 50~60년대 전쟁직후 군 생활은 고행 그 자체였다.

고생이라는 표현조차 어울리지 않을 정도로 험했다고 한다. "행자 생활이 힘들지 않았냐"는 물음엔 "시키는 것만 하면 되는데 뭐가 힘들어. 힘들다고 생각하는 순간 삶이 힘들어지는 거야"라고 하신다.

도력 높은 방장스님을 뵈니 이것저것 여쭙고 싶어졌다. 그래서 연거푸 질문을 이었다.

"스님, 윤회는 정말 있는 건가요?"

사람은 죽은 뒤 그 업에 따라 또다른 세계에 태어난다는 윤회사상은 현세를 사는 일반 대중에겐 착한 일을 해야한다는 가르침을 주지만, 불교에서 윤회는 연옥이다. 결국 괴로움이기에 영원한 윤회에서 벗어나기 위해 목숨 건 수행을 한다. 스님은 곤충을 예로 든다.

"곤충이 가을이 되면 알이나 애벌레 형태로 겨울을 나.

우주 전체가 하나인 동시에 내가 우주다

겨울을 지난 곤충에게 '겨울에 내린 눈을 봤니'하고 물으면 보지 못했으니 답을 못할 거야. 보지 않은 것에 대해 말한다는 것은 그와 같아. 윤회가 있다고 생각하지만, 없다고 해도 부정 안 해. 관심을 주지 않을 뿐이야. 단지 인과를 이해하면 돼. 모든 일에는 원인이 있고, 그 원인에 따라 결과가 생기지."

스님은 모든게 어느덧 물흐르듯 오는 것이라고 했다. 조계종 최고 스님인 종정도 그렇게 물흐르듯 스님에게로 왔다. 성철도 싫다해서 두 번이나 거절했던 종정 직책이다. 인간으로선 무척이나 견디기 힘든 종정 직책을 물흐르듯이 받아들인 성파스님의 도량은 속세인들에게도 큰 귀감으로 다가온다. 곧 취임법회가 열린다. 스님은 또 어떤 본을 보일지...

스님이 걸어온 길

1939년 경남 합천 출생

1960년 월하스님 문하에서 득도, 사미계 수지

1970년 월하스님을 계사로 구족계 수지

1971년 통도사 승가대학 졸업

1981년 통도사 주지, 중앙종회 의원

1986년 통도사 서운암 회주

1998년 26안거 성만

2013년 대한불교 조계종 원로의원

2014년 조계종 대종사

2017년 정부로부터 옥관문화훈장 수훈

2018년 영축총림 방장 추대

2018년 조계종 원로의원

2022년 3월 조계종 제15대 종정

중생의 마음 밖에
한 티끌도 없다

이 시대의 율사 고산혜원 스님

전국 사찰을 찾는 발길도 잦아든 지 두 해째 시간이 흘렀다. 산사의 고즈넉함은 더하고 있다. 정적과 고요함으로 인해 스님의 독송은 오히려 은은하게 산사에 울려퍼지고 메아리친다. 석가모니의 고집멸에 입각한 스님들의 수행에는 변함이 없다.

인간 사이의 소통 부재로 사부대중은 피폐해지고 있지만, 명산대찰에 안거 중인 선승의 가르침은 깊이를 더한다. 그럴수록 심신의 평안을 얻으려는 사부대중은 늘고 있다.

지난 한겨울 동안 눈 속에 푹 쌓여 있던 석왕사. 조계종 선맥을 잇는 선승이며 율사 고산혜원 스님이 주석하셨던 고찰이다. 스님께서 벌써 입적하시면 어쩌나 조마조마

하면서 기자는 석왕사를 찾았다. 법어 한마디라도 더 듣기 위해 스님이 주석하시는 부천 석왕사에 간 것이다. 일반인은 물론이고 스님들의 법어를 속세에 전하는 종교 담당 기자들이 여럿 기웃거렸지만 스님의 주변은 조용하기만 하다.

거듭 기자의 인터뷰 요청에도 스님께서는 묵묵부답이었다. 대신 시봉 스님께서 기자에게 "용맹정진하시라"는 답변이 되돌아왔다. 스님을 친견하려거든 그만큼 정성을 들이라는 뜻으로 들렸다. 용맹정진이란 말 타고 창 들고 적진으로 뛰어드는 모양새가 아니다. 방바닥에 머리나 등짝이 닿아서는 안 되는, 말 그대로 몸을 뉘어서는 안되는 고된 수련 방식이다. 잠을 자더라도 방석 위에 앉아 가부좌한 채 자야 한다. 혹 졸았다가는 죽비가 번개처럼 내려쳐진다. 육신은 그야말로 혼쭐이 난다.

고산스님은 용맹정진으로 단련된 신체의 소유자였다. 하지만 세월만은 속일 수 없다는 만고불변의 진리가 스님의 쭈글해진 용안에 그대로 묻어난다. 그럴수록 더욱 형형해진 안광은 마주보는 이의 가슴을 훑고도 남는다. 스님의 명민함은 켜켜이 쌓여가는 세월처럼 여전하다.

스님의 출가 동기를 속세인의 눈으로 보면 참으로 순수

중생의 마음 밖에 한 티끌도 없다

했다. 소년이 엄마를 그리워하는 맑고 맑은 동자승의 모습 그대로였다.

스님은 13세 때 출가했다. 관세음보살을 염송하면 돌아가신 엄마를 만날 수 있다는 이야기를 은사 동산 스님에게서 듣고 곧바로 출가했다. 이를테면 출가의 동기였다. 스님은 행자 시절 두 차례나 어머니를 만날 수 있었다. 관세음보살을 외우다 비몽사몽간에 어머니가 나타나 와락 끌어안았는데 깨어보니 가슴에 품은 것은 관세음보살상이었다고 스님은 회고했다.

"열세 살 동자승이 죽은 어머니를 만나 보고자 일구월심 하루도 쉬지 않고 관세음보살을 3년간 불렀다. 하루 낮 밤을 거르지 않고 염불하는 삼매 중에 어머니를 만났다. 실체를 보듯 어머니를 껴안고 한참 울었다. 눈을 떠 보니 어머니는 간데없고 관세음보살을 안고 울고 있는 나를 발견한 게 아닌가!

얼마나 놀랐던지 조실 스님의 방으로 막 뛰어갔다. '큰스님! 어머니를 만나기는 했는데 울다 보니 어머니는 간데없어요. 정신 차려보니 관세음보살을 붙잡고 울고 있었어요 무슨 일인가요' 빙긋 웃는 동산스님은 '정성이 부족해서

깨달음의 노래

그러니 더욱 정성 들여 염불하라. 그리하면 네 어머니를 만나 이야기를 나눌 수 있을게야'라고 가르쳐주셨다."

　동자승은 더욱 열심히 기도해서 사흘 만에 또 어머니를 만났다. 염불기도 중에 나타난 어머니에게 말을 걸었으나, 번번이 대화에는 실패했다. 몸매무새를 더욱 가다듬고 더욱 간절하게 관세음보살을 불렀다. 다시 사흘 만에 비몽사몽 중 어머니가 나오셨다. 원 없이 울고 웃으며 이야기를 나누다 헤어짐과 동시에 삼매에서 깨어났다고 한다.

　어머니를 만나 소원성취를 이룬 동자승은 일생 동안 관세음보살을 부르면서 수행했다. 급한 일이 있을 때마다 사흘 또는 7일 기도를 했다. 그럴 때마다 꼭 관세음보살이 나타나 지시하는 바대로 수행의 길을 가곤 한다. 스님의 구도 수행은 그렇게 시작되었다.

　스님은 선승이면서도 율사, 경사의 이력을 갖고 있다. 그만큼 배움에 열정이 대단했다. 배우다 보니 아는 것도 많은 법. 스님은 재미난 얘기 보따리를 갖고 계신 듯하다. 시집 못간 처녀 이야기는 무릇 웃음을 자아낸다. 스님이 기자에게 전한 에피소드 한 토막이다.

어느 사찰에선가 스님의 고명을 들었던지 한 처녀가 살며시 다가와 이렇게 물었다.

"스님! 시집도 못 가고 갈 팔자인가 봐요."

그러자 스님이 귀가 번쩍 뜨이는 답을 내렸다.

"짚신도 짝이 있고 나막신도 짝이 있고 고무신도 짝이 있다. 공자께서는 '천불생무록지인天不生無祿之人하고 지부장무명지초地不藏無名之草'라 하셨다. 하늘이 사람을 내어놓을 때 녹 없는 사람을 내어놓지 않고 땅이 이름 없는 초목을 감추지 않는다. 시집 못 갈 사람이 어디 있을꼬? 운명이고 사주팔자고 다 자신이 스스로 만드는 것이다. 내가 이르는 대로 해보게. 매일 조석으로 관세음보살을 삼천 번씩 불러. 낮에 일하면서 노는 입에 종일 관세음보살을 부르다 보면 틀림없이 좋은 인연을 만날 것이야"

실제로 스님이 일러준 대로 실천한 그 처녀는 짝을 만나 해로했다고 한다. 고산 대종사의 70여 년 수행 동안 겪었던 에피소드는 실로 다양하다.

조계사 주지로 주석하실 때였다. 하루는 40대 초반의 여성이 찾아왔다. 얼굴을 보니 죽상이었다. 스님이 그 보살을 불러 물었다.

깨달음의 노래

"남편이 바람 피우지요?" 깜짝 놀라는 여자에게, "살고 싶다면 남편 애인 죽으라고 부적 쓴 것 있으면 다 가져오라"고 했다. 그리고 성냥을 가져오게 해 직접 불사르게 하고 "남편에게 좋은 양복과 넥타이와 구두를 맞춰주세요. 운전할 줄 안다고 하니 기분 좋은 얼굴로 아침밥 잘 차려 출근시켜 주고, 퇴근 때 맞춰 퇴근시켜서 저녁 잘 차려 주고 애인집에 모셔 드리세요. 그리고 '편안히 쉬세요'라고 인사하면 됩니다. 그리고 매일 관세음보살을 만 번 이상 부르세요"라고 일렀다.

보살은 한 달 후 남편과 함께 과일 두 상자를 사서 고산 스님을 찾아왔다. 남편의 마음이 변해 애인을 깨끗이 정리하고 금슬 좋은 부부로 돌아왔다고 한다. 단순히 기도만 하는 것이 아니라, 순리를 보고 이를 따르려는 노력이 우선돼야 한다는 가르침이다.

중생의 마음 밖에 한 티끌도 없다

개방적이고 합리적인 초종교인

예전 스님과 대면하여 이런저런 얘기를 하다 보면 어느
덧 이치에 다가서는 자신을 발견한 이는 기자만이 아닐 것
이다. 법어처럼 들리는 스님의 조근조근 목소리가 귓가에
다가왔다. 스님의 말씀을 정리해보았다.

"누구에게나 억지로 불교를 믿으라고 권하지 않습니다.
살다가 급한 일이 생기거든 전화기 끄고 앞뒤 문 걸어 잠그
고 자기 방에 단정히 앉아 합장하고서 '관세음보살! 관세
음보살!'을 일일일야一日一夜만 지속해도 모든 일이 해결될
터이니. 세상일은 시작이 반이라고 한다. 시작하면 어떻게
든 되기 마련이다. 남해 관망처에 관세음보살 진신 주처가
있으니 그곳이 바로 보덕암이다. 누구든지 하룻밤만 지극

정성 기도하면 한 가지 원은 다 성취한다. 그런데도 중생이 욕심이 많아서 한 가지 원만 바라지 않고 여러 가지 원이 함께 성취되기를 바라니 성취가 안 되는 것입니다.

돌아서면 1년이 지나가고 어름어름하다가 보면 또 한 해가 지나가고...

여러분들도 전부 건강할 때 기도도 하고 정진하고 성불해야지... 육십이 넘어가니 해마다 달라지고 칠십이 넘어가니 다달이 달라지고 팔십이 넘어가니 나날이 다르고...

내가 팔십일곱인데 완전히 쭈구렁 밤생이가 되고 몸 키로수는 사십육 킬로밖에 안 나가... 옛날 같으면 군대도 못 가 퇴짜맞고 쫓겨나요. 그런데도 오만 일 다 해요. 내가 옛날 요리를 배웠는데 궁중 요리까지 배웠거든... 손자승이 떡 오더니 장조림하는 것을 자세히 보고 나중에 맛을 보고서는 '거 하나 적어주세요'. 적을 게 뭐 있나 봤으면 그대로 하면 되지, 잊어버린다고 적어달래... 그럼 적어주었지 적다 보니 열두 장 되었어... 나중에는 열여덟 장인가 열아홉 장인가 그런 것도 하다가... 옛날 책자도 더러 냈지만 재판을 내려 하니 교정을 봐야 한다고 해서 교정도 보고...

옛날 수좌승들이 고산 가풍이 뭐냐고 물었어.. '불식촌음不息寸陰'이라 했다. 불식촌음, 잠깐도 쉬는 사이도 없이 무

중생의 마음 밖에 한 티끌도 없다

엇이든지 하라는 소리요. 염불을 하든지, 간경을 하던지, 참선하든지, 밭을 일구든지, 요리법을 배우든지, 대청소를 하든지, 잠깐도 쉬지 말고 낮에도 계속 일하라는 게 나의 가풍이에요."

속삭이는듯 하면서도 촌철살인으로 전하는 스님의 음성을 계속 원고지에 옮겼다. 기자는 훗날 스님을 숭모하는 후학들에게 전한다는 마음가짐으로 스님의 말씀을 글로 옮기는데 정성을 기울였다.

산하 대지가 전부 비로자나불 몸뚱이

"하루 10시간씩 일했어요. 그렇다고 아침 백팔배를 빠진 적이 있나? 예불은 빠진 적이 없어요, 그런데 삼년 전부터 건강이 문제여서 아침 예불도 내 방에 앉아서 해버리고 법당도 가다 넘어진다고 나오지도 말라고 해요. 여러분도 건강할 때 성불해야지 나처럼 팔십일곱이나 되도록... 만약 여러분이 못한다면 금생에는 안 되는 거요.

김천 청암사에 있을 때 그때 45년 전 십광경계가 오더니... '견성했어요' 하고 경봉스님께 뛰어갔지. 경봉스님이 살피시더니 '조금 더 해라' 이어 몇 달간 열심히 하니 천지가 환하게 열려.. '경계가 어떠냐' 또 스님이 물었어. 말할 수 없습니다 했더니..고봉스님께 뛰어갔어... 스님은 '남에게 속지마라' 간단히 써주시더라고...

중생의 마음 밖에 한 티끌도 없다

오늘날까지 근 삽십년을 뛰어다녔는데, 신장, 즉 콩팥이 나빠 육십셋에 당뇨가 왔는데... 송산 스님이 계속 인슐린 주사를 맞고 있더라고... 밥 먹다가 맞고... 귀찮아서 나는 안 맞았어, 안 맞고 오늘날까지 배기고 있어요.

배기기는 배기는데 온 천지에 법문하러 댕겼는데...신장이 나빠지니 고혈압이 왔다. 삼년 전에 간다 했는데, 석왕사 주지가 나를 구해주어 오늘날까지 그 덕으로 내가 견디고 있어요. 고향 같은 쌍계사에 근 삼십오륙년을 살았는데 결제해제를 안 했다 싶어 억지로라도 간다고 했어요. 대불 회양 때도 오고 이번에 용기를 내 간다 해서 온 거요. 스님들 젊을 때 혈기방정할 때 성불하라고 (그런 의미에서) 지난 이야기를 조금 한 거요."

"이 산하 대지는 다른 게 아니요. 전부가 비로자나불 몸뚱이요. 경계가 달라지면 어제처럼 산이나 들이나 돌이나 기왓장이나 소나 말이다 따로 보이더니, 경계가 지나고 나니, 개나 말이나 소나 돼지나 기와 조가리까지 부처님으로 보이더라. 전체가 부처님이요. 산이나 들이나 전체가 다 뭐이냐. 전부 부처님이여. 형상이 있는 것은 비로자불 몸뚱이요 움직이는 것은 무어냐 전부 관세음보살이요. 중생교화하는 자태가 틀림없는 거요. 그래서 관음화라...

　그럼 일월성숙은 뭣인가. 오늘 현재는 대중이라 일체 중생의 마음이 해와 달 전부 여러분의 마음이요. 다른 게 아니요. 무변허공 고산심...

　가없는 허공은 고산의 마음이로다. 전신이 반짝반짝 여러분의 마음이요. 우주의 근본은 여러분의 마음이요, 내 마음이 여러분의 마음이다. 둘이 아닌 하나인 것이요.

　마음과 부처와 중생이 차별없이 하나다. 분명히 부처님께서 말씀하셨어요. 본래 하나라고...

　허공 밖에 한 물건도 없고 중생 마음 밖에 한 티끌도 없다. 활연히 돈오하면 곧 정각이요 정각한 이는 곧 허공을 못 본다.

　허공 밖에 한 물건도 없어 허공은 어디에 있느냐 삼라만상 가운데 있다. 여러분 마음가운데 허공이 있어... 여러분 마음이 허공보다 크다 이 말이여. 전체 삼라만상부터 문물이 전부 허공에서 벗어남이 없다면 여러분들 마음속에 벗어남이 하나도 없도다."

중생의 마음 밖에 한 티끌도 없다

중생 마음 밖에 한 티끌도 없다
衆生心外無一塵

"왜 허공이 안 보일까. 저 허공이 깨달음이다. 깨달은 사람 눈에는 허공이 안보여 대각으로 보이지. 내년 정월 대보름 때(동안거 해제날)는 전부 성불해야지. 견성도인이고 사바세계는 석가모니 부처님이라...

여러분 성불하고 싶은가. 견성도인이고 전부 다 해탈을 할 수 있는데... 내가 왜 빨리 성불이 안 되누? 교만심이 있으면 성불이 안되고 그런저런 생각 싹 털어버리고 그대로 화두일념으로 들어가던지, 관세음보살 부르다 성불한 이가 많아... 도대체 관세음보살이 어디에 있나? 저 창원 가면 백운산이 있다. 백운산에 두 번을 갔어요.

《삼국유사》에 나오는데 토굴에 한 스님이 암자를 하나

지었어요.

　백운산 가기 전에 온천 가는 길에 있어요. 그 자리는 현신으로 성불한 자리요. 성불해도 부처님이라 이름 안 붙였다.

　여러분, 법화경을 맨날 읽어도 잘 모를 거야! 깨달은 사람 눈에는 허공이 안 보인다. 화엄경에 십불견이 나와..."

이 대목부터 스님은 화엄경 십불견을 설명했다.

　"열 가지 보지 못하는 것이 나온다. 내게 가장 가까운 사람을 못 본다. 제일 가까운 사람이나 물건이 뭔지 모르지. 너무 가까워서 안 보인다. 친자불견 이니라. 가장 친한 자는 마음이다. 그 이상 가까운 게 어디 있어? 그래서 친자불견...

　법불견은 무엇인가. 성품은 무엇인가. 한마디로 말해서 만법의 성리이다. 그대로 법이라 한다. 그래서 법불견... 불은 형상이니 불꽃은 보이지만 뜨거운 성리는 보이나? 안 보인다. 그러면 대충 여러분들이 짐작하겠지. 두 번째 성품이 법불견이다.

　안불자견, 눈은 스스로 자신을 못 본다. 눈이 스스로 보는 사람이 어디있나?

네 번째는 무엇인가. 인불견풍이다. 사람이 바람을 못 본다. 견성 도인이야 보이겠지. 사람은 바람을 못 본다.

호불견지, 호랑이는 창호지를 못본다. 구불견설, 개는 하늘에서 내려오는 눈이 안 보인다. 개 눈에는 눈이 안 보인다. 희끄무레하게 보이니 눈이 오면 막 뛰어댕기지... 사불견석이라, 뱀 눈에는 돌이 안 보인다. 돌이 안 보이니 구멍 있는 곳에 쏙 들어간다. 몰랐제? 이게 부처님 화엄경에 다 나온다. 어불견수, 사람 눈에 바람이 안 보이듯이 물고기 눈에는 물이 안 보인다. 공기 안 보이는 것과 같이 그 속에 살아서 그래...

그럼 몇 가지 들었나. 미불견성, 사람의 성품이 안보이듯이 깨달은 사람 눈에는 보이지만 미화한 사람 눈에는 안 보인다.

오불견공 깨달은 사람 눈에는 허공이 안 보인다. 오불견공이 마지막이다. 전체가 부처님으로 보이듯이...

요즘 스님들이나 거사님들이나 처사나 요새는 전부 거사라고 합디다. 보살은 무슨... 박살이지, 차라리 보리살이라 하던지... 아무것도 모른 사람이 무슨 보살인가 원래는 보사였다. 절을 도와주는 사람이라 해서 그랬어요. 무슨 거사님 처사님... 존대해주면 미안해서 열심히 해야지...

내가 부탁하는게 뭣인가. 망상을 제해야 하는데 망상은 제하지 아니하고 진리를 구하려고 합니다.

시회대중은 망상을 제하려고도 하지 말고 진을 구하지도 마라! 망상이 곧 깨달음의 근본이요 진 또한 망상 가운데 있음이요.

화두를 열심히 들든지, 자원봉사를 열심히 하든지, 봉사는 집에서 하든지, 동네방네 댕기면서 하던지... 절에 와도 손끝 하나 움직이지 아니하고... 돈 주세요 복주세요 극락 가게 해주세요, 명 주세요. 무슨 거지 혼신이 들렸는지 달라는 게 그리 많은지. 맨날 달라 소리 하지 말고... 일체 달라 소리하지 말라고... 내 아들 시험에 찰싹 달라붙게 해주세요. 이게 불자인가? 중생심을 바꿔야 돼요. 이래 가지고는... 성불하지 못하는 이유가 이것이여. 계속 받기만 하면 그러는 것이여..."

마음이 편안하면 천하가 태평할 것이요

이 책의 기획의도는 속세인의 마음공부에 있다. 누구나 마음을 다잡지 못해 뜻한 바를 이루지 못하는 경우가 대부분이다. 스님의 마음 잡는 법을 글로 옮겨본다.

"마음이 편안하면 천하가 태평할 것이요, 마음이 편안하지 못하면 곧 고해중이다. 지옥 천당이 따로 있는 게 아니여, 내 폼 편안하면 천당이요 내 마음이 고달프면 이게 바로 지옥이로다.

모든 사람은 화두를 긴하게 잡고 한바탕 공부하라! 언하에 곧 크게 깨우칠 것이다.

목숨 걸어놓고 견성 못하면 내가 이 자리에서 안 일어난다 이런 굳은 결심을 가지고 하룻밤을 세우든지... 이를 생사여탈이라 한다. 마당 쓸다가도 성불하고 길 가다도 성불하고...

생각마다 현세불 출현이요 실천하는 것마다 미래불 출현이다.

다 부처님으로 보인다는데 그러면 나는 어디 있느냐? 전체가 부처님이라 했으니, 생각마다 현세불 출현이요 실천하는 것마다 미래불 출현이로다. 실천에 옮기다 보면 미륵하생이니 다 성불할 근본이 된다. 실천에 옮기니 성불하고 근본이 되는 것이다. 줄거리가 되고 뿌리가 된다.

멀리 찾지 말고 마음속에 찾아 성불하도록 하세요."

욕심이 없으면 오래 산다고 했다

스님은 회고록《지리산의 무쇠소》를 2009년 출간했다. 책을 쓰기 위해 쓴 게 아니다. 심적 고통으로 살아가는 사람들에게 조금이라도 도움 줄 수 있을까 해서 썼다고 했다. 스님의 수행 이력도 자세히 나와 있다.

책에는 수행에 관한 것뿐만 아니라, 젊은 시절 어느 여인으로부터 구애를 받은 사연, 범어사에 쌀이 떨어져 신도들의 도움을 받으러 사방으로 돌아다녔던 기억, 경전이 흔하지 않았던 시절 화엄경 한 질을 얻으려다 주먹을 휘둘러 절에서 쫓겨나는 산문출송山門黜送을 당한 일 등 원로로서 부끄럽게 여길 수 있는 사연들까지 숨기지 않고 써놓았다. 후대에게 경책이 되기 위한 방편이기도 하다.

"회고록은 사실 그대로 써야 해요, 사邪가 조금도 붙어선 안 돼요."

고산 스님은 스스로 별호를 땡삐(땡벌)라고 귀띔한다. 스님의 대쪽같은 성미를 이름이다. 어디서든 바르지 못한 것을 보면 그냥 넘기지 않고 바로 쏘아대는 성미 때문이다. 스님은 후학들에게 소에 관한 일화를 곧잘 전수한다.

"소는 일생 묵묵히 일만 합니다. 죽어서는 고기와 가죽과 뼈를 모두 보시합니다. 소처럼 꾸준히 일하고, 그런 보살정신을 갖고 살면 경제위기도 얼마든지 극복할 수 있어요."

스님은 회고록을 남기는 것에 주저했다. 소탈한 성품의 일면이다.

"행복하게 사는 조건에는 세 가지가 있어요. 첫째는 언제나 감사합니다 하는 감사지심感謝之心, 둘째는 욕을 들어도 웃는 얼굴을 하는 미소, 셋째는 열어놓으면 집안의 보물이 나가고 도둑이 드는 대문과 같은 입을 다무는 침묵. 이세 가지를 꼭 지키세요."

123

부처님에 계합하면 곧 해제일이로다

한국불교에서 동안거는 겨울 수행 도량의 큰 행사였다. 스님에게 해제일이 무어냐고 물으니 명답이 되돌아왔다.

"내가 하는 일 모든 일에 부처님에 계합하게 되었으면 곧 해제일"이라고 했다.

옛날 큰 스님들도 법문하면서, "여러분 오늘이 해제인 줄 생각하지 마라. 성불하는 날 그날이 해제날이다. 성불하기 전에는 해제라고 할 수도 없다. 앞으로도 계속해야 할 것이다. 방금 한 게송도 성불한 사람 얘기이지. 이를 잘 알고서... 3년 안에 활연대오 해야 한다"고 경책하곤 한다.

안거는 출가한 스님들이 한곳에 모여 일체 산문 출입을 금하고, 용맹정진 수행하는 관행이다. 한국에 확산된 북방불교 수행 노정에서 겨울안거와 여름안거는 필수 코스

이다.

지난 겨울에는 조계종 산하 99개 선원에서 스님 1966명이 안거에 들어갔다. 남방불교에서는 여름 한차례만 안거를 행한다. 북방불교에서는 여름 3개월 동안의 하안거와 겨울 3개월 동안의 동안거가 있다. 동안거는 음력 10월 15일에 결제하여 다음해 음력 1월 15일 해제한다. 안거 동안에는 한 곳에서만 수행하는 것이 일반적이다. 스님들에게 안거에 몇차례 참여했느냐가 곧 수행이력이 되기도 한다. 안거를 주관하는 수행처에서는 안거자의 명단을 작성하고 안거중의 소임을 정한다. 한국 불교에서 안거 방식은 주로 좌선 위주로 한다. 안거를 마치고 해제하는 날에는 선방 대중들에게 공양을 베풀어 그동안의 노고를 달래곤 한다.

스님은 후학들에게 배고팠던 젊은 학인 시절 일화를 자주 들려주면서 절차탁마를 주문하는 계기로 삼았다.

불교 정화운동이 한창이던 1950~60년대를 살아온 노스님들은 배고픈 기억을 아련히 갖고 있다. 당시 절집 풍경은 애처롭기까지 했다. 속세에서는 먹고 살기 위해 바픈 삶이었겠지만 산사에선 부처의 진리를 찾고자 몰려든 젊은 학인들로 넘쳐난다. 그러니 먹고사는 문제는 일단 제쳐

중생의 마음 밖에 한 티끌도 없다

둔다. 진리에 목마른 이들이니 육신의 욕구 쯤이야 훌훌 날려보내는 것이다. 그럼에도 먹지않고선 육신 자체를 운행할 수 없으니 어쩌랴.

솔직히 먹는 문제는 당시 불가의 이슈이기도 했다. 수난을 당했던 시대에는 그야말로 입에 풀칠 하기도 힘들었다.

예로부터 한국 정치사의 변곡점 마다 사찰은 수난을 당했다. 조선의 억불정책은 스님들을 고난으로 내몰았고, 일제의 강점기를 막 벗어난 불교계는 왜색으로 온통 물들어져 있었다. 당시 사찰은 신도들의 포교와 교육보다는 제사나 불공축원 등 물질에 의해 움직이는 거대한 이권 집단이었다. 불교의식으로 모은 재물은 모두 대처승(결혼한 승려)들 몫이었다. 선방에만 틀어박혀 진리를 추구하던 힘없는 비구들은 돈모으는 데에는 젬병이었다.

한때 범어사에서도 쌀이 떨어져 애먹는 일이 자주 벌어졌다.

스님은 1945년 입산해 출가한 이후, 때로는 이판(수행하는 스님)으로 때로는 사판(행정을 보는 스님)으로 살았다. 그러나 쌀이 떨어지니 스님도 어쩔 수 없었다.

당시 스님은 제자들 교육을 위해 온 몸을 던질 무렵이었으나, 우선 먹는 문제를 해결해야 했다. 스님은 범어사에서 120여명의 제자들을 거느리고 있었다. 이들은 자발적으로 스님을 따르는 무리였다. 그런데 이같은 한 무리 운수납자들은 배가 고팠다. 하여 스님은 범어사에서 유력 신도들의 도움을 받기 위해 사방으로 떠돌아다녔다.

당시 어려웠던 사찰 재정으로 인해 뭇 스님들은 절을 떠나는 일이 비일비재였다. 스님이 범어사에서 청암사로, 직지사로, 해인사로 철마다 옮겨 다녀야 했다. 스님과 함께 한 무리의 대중이 옮겨 다닐 때마다 찾아간 절에서 난색을 표하니 한 철 지나면 또다른 절로 옮겨가야했던 것이다.

생을 달관한 임종게

스님은 근대 한국불교의 큰 어른이다. 원로의원과 총무원장, 전계대화상 등을 역임하며 조계종 선맥을 잇고 있다. 해박한 불교 경전에 대한 이해와 선사, 율사의 면모를 갖춘 스승으로 추앙받으며 전법교화에 노력을 아끼지 않는 큰 스님이다.

평생을 엄격하면서 원칙을 강조하며 살아온 스님은 2008년 10월 성수스님에 이어 아홉 번째로 3년 임기의 전계대화상에 추대되었다. 조계종의 최고 어른은 물론 종정이다. 하지만 이에 버금가는 지위를 가진 지도자가 전계대화상이다. 조계종에서는 1981년부터 단일 계단을 만들어 승려에게 수계를 줄 수 있는 곳과 수계를 주는 사람을 지정해 왔다. 전계대화상은 바로 이들에게 수계를 부여하는 유일한 스님이다. 1981년부터 전계대화상은 고암, 자운, 석주, 일타, 청하, 범룡, 보성, 성수 등 여덟 분이다.

기자가 인터뷰를 정리하는 동안 스님께서 입적하셨다. 이승에서는 더이상 스님의 행적을 볼 수 없다. 안타깝지만 우주의 이치가 그러하다.

석왕사의 스님 거처에는 입적한 스님의 체취가 그대로 보존되어 있다. 거처에서는 펼쳐진 책과 손때 묻은 공책, 오래된 경전 테이프, 종이학 등이 가지런히 남아있었다. 이어 하동 쌍계사에선 49재가 치러졌다. 쌍계사는 스님께서 방장으로 주석하던 유서깊은 사찰이다.

스님은 입적 2개월 전 임종게를 본인이 직접 썼다.

春來萬像生躍動 춘래만상생약동
秋來收藏待次期 추래수장대차기
我於一生幻人事 아어일생환인사
今朝收攝歸故里 금조수섭귀고리

봄이 오니 만상이 약동하고
가을이 오니 거두어 다음 시기를 기약하네

중생의 마음 밖에 한 티끌도 없다

나의 일생은 허깨비 일과 같아서
오늘 아침 거두어 고향으로 돌아가네

　스님의 맏상좌로 쌍계사 주지의 소임을 맡고 있는 영담 스님은 "봄은 시작을 알리고, 가을은 결실 아니냐"며 "평소 어떻게 살아왔는가를 보여주면서 영원한 것은 없고 시작과 함께 돌아온 길로 간다는 이치를 전하고 있다"고 풀이해주었다.

깨달음의 노래

스님이 걸어온 길

1933년 경남 울주 출생

1945년 입산 출가

1948년 3월 동산 스님을 계사로 사미계 수지, 법명 혜원

1956년 동산스님으로부터 비구계 수지

1961년 고봉스님으로부터 전법게 수지

1961~69년 청암사, 범어사 강사

1969~75년 법륜사, 조계사, 은해사, 쌍계사 주지

1975년 조계종 총무원 총무부장

1978년 제5대 중앙종회의원

1984년 쌍계사 주지

1998년 제29대 조계종 총무원장

2006년 원로의원

2008년 조계종 전계대화상(9대)

2013년 쌍계총림 초대 방장

2021년 3월 23일 석왕사에서 입적(세납 88, 법랍 74)

법주사 조실 천호당 월서 대종사

잘난 척하고 배우지 않고
늙으면 병들어 신음하고
한탄만 하게 된다

육신은 한 벌의 옷일 뿐이다

　"육신은 한 벌의 옷일 뿐입니다. 탐심이란 한 번 입고 버릴 옷에 치장을 하는 허망한 것이지요. 오십살이 지나면 삶의 무상성을 깊이 깨닫습니다. 제행무상이지요."

　법랍 60을 훌쩍 넘은 월서스님. 우람하면서 장중한 몸 마음가짐으로 모든 것을 내려놓는 우직한 성품의 스님, 자신에게는 지독하게 엄격한 큰 스님이다. 스님은 어느 날엔가 마음 고요한 가운데 금생의 옷(육신)을 훌훌 벗어버리고 싶다고 했다. 법주사 안에서 스님들의 정신적 지주이며 조실로서 수십 성상을 보냈다.
　새벽 3시 예불 정진하고 포행할 때나 붓글씨를 쓸 때나 마음의 파고는 잦아들고 고요한 수면 그대로다.

깨달음의 노래

스님께서 사부대중에게 내린 휘호 한 구절이다.

心如碧海能容物심여벽해능용물
人似靑蓮不染塵인사청련불염진

마음은 푸른 바다처럼 모든 것을 포용하고
인품은 연꽃 처럼 티끌에도 더렵혀지지 않는다.

오래전 대종사 반열에 올랐으면서도 늦깎이 행자처럼
오로지 수행 정진할 뿐이다. 그늘진 세상을 돌보고 살필
뿐 출가 수행자로 살아온 세월의 곡력을 윤색하거나 꾸미
지도 않는다.

스님은 청년 시절 촉망받는 젊은이였다. 그럼에도 부친
은 물론 주변의 기대를 접어둔 채 속세를 버리고 불문에
들었다. 스님은 1936년 경남 함양의 독실한 불자 집안에
서 태어났다. 일제강점기에 태어나 10대 청년 시절 6·25
를 만났으니 한국 현대사의 비극을 온몸으로 겪을 수밖
에 없었던 고난에 찬 젊은 시절을 맞이했다.

1953년 경남 함양 지리산에는 연일 피비린내 진동하는
지옥의 참상이 벌어지고 있었다. 한국전쟁 말기 지리산에

잘난 척하고 배우지 않고 늙으면 병들어 신음하고 한탄만 하게 된다

은거한 빨치산을 토벌하는 경찰과 국군은 연일 소탕전을 벌이고 있었다. 혈기방장한 청소년 월서는 열일곱 나이에 군대(전투경찰)에 자원 입대했다. 당시 마을을 지킬 전투경찰 요원 30명을 뽑는데 그중 한 사람으로 선발됐다.

"지원자가 한 5천여 명이나 되었는데 용케도 뽑혔어요. 덩치가 크고 눈빛이 살아 있다나... 노장대 부근 8사단에 배치되었는데, 공비 토벌작전에 투입된 지 사흘 만에 같이 들어간 동기 두 사람이 벌써 전사했어요. 열일곱 나이라는 한창 청소년 나이에 전쟁을 겪었지요. 어느 날 동료 다섯 명과 공비가 지나가는 길목을 지키던 중 전투가 벌어졌는데, 몇 사람이 죽고 나는 포로가 되어 끌려가게 되었어요. 죽지 않을 만큼 두들겨 맞았는데, 마침 국군 8사단 본부를 지난다는 것을 용케 알고 막 국군 부대를 통과할 무렵 탈출을 감행했어. 옆에 따라붙어 있던 공비 한 명을 밀치고 언덕 아래로 막 몸을 굴렸지. 총을 쏘면 공비 자신들의 위치가 발각되기에 그들은 총 한 방 쏘지 못했어. 온몸이 돌에 맞거나 나뭇가지에 피투성이가 되었지만, 마침 어머님이 걸어주신 호신용 목걸이가 보였어요. 순간 부처님이 나를 살렸구나..."

총 한방 쏠 수 없다는 공비들의 실상을 알아챈 청소년 월서의 용기는 참으로 가상했다. 월서의 감각은 그만큼 영특했다. 살기 위해 남을 죽여야 하는 살육의 나날이 이어지는 연옥 같은 곳에서 목숨을 연명했다. 한바탕 싸움이 끝나고 나면 시산혈해를 이뤘다. 소설에나 나올법한 비참한 현실이 매일매일 눈 앞에 펼쳐졌다. 나뒹구는 시체마다 벌레가 들끓는 골짜기에서 청소년 월서는 언젠가 자신도 이렇게 죽으리라 곱씹으며 공포에 떨어야 했다. 그렇게 입대 1년 만에 제대를 하고 군복을 벗었으나, 지울 수 없는 트라우마가 남았다. 먼저 간 동료는 물론이고 살생에 대한 회의 등으로 몸부림쳤다. 마땅히 치유할 수단도 없었다. 밤잠을 설치기 일쑤였고 악몽으로 시달렸다. 죽은 동료들의 환영에 괴로워했다.

　그 공포와 치가 떨리는 악몽의 나날을 보내던 중에 마음을 다독일겸 실상사 약수암을 찾았다. 우연히 호랑이 스님이라는 명성이 자자한 금오스님을 만났다. 운명의 만남이었을까. 청년 월서를 대하는 금오 스님의 눈빛은 그야말로 형형했다.

　"총칼 들고 계속 죽음의 유혈이 낭자한, 이것만 생각하

잘난 척하고 배우지 않고 늙으면 병들어 신음하고 한탄만 하게 된다

면 잠을 못 자고 이랬는데. 하는 말이 이 세상은 나고 죽는 것이 가장 큰 사건이다. 그러나 우주의 큰 섭리에서 본다면 아무것도 아니다 허망한 것이다. 자네 청년은 수미산 같은 큰 깨달음을 얻어서 생사 나고 죽는 그 이치를 깨달아서 모든 망상에서 자유로운 사람이 돼야 할 것이다."

금오스님은 출가를 권유했다. 한 달을 고민한 끝에 구례 화엄사로 갔다. 출가 당시 원서는 기골이 장대하고 이목구비 뚜렷한 신식 청년이었다. 금오 스님은 "올 줄 알았다"며 그날로 삭발을 시켰다. 금오 스님과 한 방에 머물며 화엄사에서 보낸 1년의 시간은 평생의 살림 밑천이 되었다.

혹독한 훈련으로 제자를 가르친 스승

금오스님의 훈도는 혹독했다. 잠시도 쉴 틈을 주지 않는 극기훈련이며, 울력의 연속이었다. 몸이 고단하니 번뇌도 사라졌다. 출가를 결심하게 했던 마음의 상처는 저 밑으로 가라앉아 침잠했다.

"우리 금오스님은 스님이 어릴 때 그렇게 교육을 받고 한 분이기 때문에 행자들 들어오면 가만히 노는 걸 못 봐요. 앉아서 참선을 하든지, 앉아서 경을 보든지, 밖에 나가서 밭을 매든지, 나무를 하든지 9시까지는 해야 돼요. 그리고 새벽 3시에 일어나고 이렇게 계속 날마다 자고 나면. 그렇게 하면서 1년을 거기서 버틴 거요. 예를 들면 총칼 들고 싸우다 왔지만 그보다 더 정신적인 고통이 심했죠."

잘난 척하고 배우지 않고 늙으면 병들어 신음하고 한탄만 하게 된다

당시 출가 당시 스승의 첫 마디가 청년 월서의 가슴에 박혔다.

"우주의 섭리에서 보면 나고 죽는 것 또한 풀잎 위의 이슬처럼 허망한 것이네. 선악 미추의 모든 것이 오직 마음 하나에서 만들어진다."

스승의 한마디는 모든 것을 포괄하고도 남았다.

깨끗한 유리창에는 만상이 모두 깨끗하게 보이고, 더러운 유리창에는 모든 사물이 더럽게 보인다. 금오선사는 제자들에게 인간 군상의 가장 밑바닥까지 경험하도록 내쫓는다. 전국 방방곡곡을 돌며 밥 빌어먹는 탁발수행이 대표적이다. 탁발이란 자존심을 내려놓고 나를 온전히 내려놓는 수행법으로, 어느 정도 법력을 쌓은 수행자도 실천에 옮기기 힘들다.

금오스님의 몽둥이질은 호랑이라는 별칭에 걸맞게 매서웠다. 혹독한 행자 생활을 거친 뒤에야 1956년 9월 사미계를 받고 '월서'라는 법명을 받았다.

스승의 엄혹한 꾸중과 매질은 견디기 어려웠지만, 훗날 보약이 되었다고 술회한다. 젊은 시절 구도 수행의 일환으로 탁발수행에 나섰던 금오스님 처럼 청년 월서 역시 스님을 따라 고행과 걸식으로 수행했다. 그 같은 혹독한 수행 덕에 20대에 이미 번뇌 망상을 떨칠 수 있었다고 한다.

금오스님의 제자들은 대부분 돌림자가 '월月' 자다. 불교계 최대 문중을 형성할 정도로 제자들이 구름같이 모였다. 그 제자들이 모두 견성대오했다. 그 중에서도 월서 스님은 조계종 대처승 정화 당시 '호법신장'이라는 별명을 얻을 정도로 두각을 드러냈다. 이어 불국사 주지, 조계사 주지, 총무원 총무부장, 재무부장 등 종단의 주요 소임과 중앙종회의원을 여섯 차례나 맡았다.

그러나 스님은 소임이 끝나면 곧장 걸망을 메고 암자나, 선방을 찾곤 한다. 1990년 중앙종회 의장을 지낸 뒤에도 해인사, 봉암사 등 선원에서 화두 참구에 들었다. 법을 집행하는 호계원장 시절 스님은 금오스님의 가르침을 오롯이 실천했다.

"남의 허물을 단죄하는 자리는 속세에서도 어려운데 승가에서는 오죽하겠습니까. 청정성과 공심(公公性)이 없으면 불가능합니다. 12년 동안이나 짊어졌던 무거운 짐을 벗어 놓았으니, 이제는 나 자신의 회향을 준비해야지요."

승가의 계율을 어긴 사람에 대해 엄격히 집행할 때의 노심초사 심경을 이렇게 표현했다.

"도를 이루는 것은 마음을 바꾸는 것입니다. 계율이란 한번 파하면 눈덩이처럼 커져 나중에는 감당을 할 수 없게 되므로 일반 신도들도 계율 어기는 것을 지옥 가는 것처럼 무서워하는 습관을 들여야 합니다."

시절은 정화불사가 벌어지던 때였다. 일제강점기를 지나며 대처육식(부인을 갖고 육식을 하는)에 왜색불교가 판치던 당시였다. 진심 어린 비구들은 결방살이로 내몰렸다. 수행 공간이 절실했던 비구들이 마침내 일어났다. 그 선봉에 금오스님이 계셨다.

"수행공간을 만들어 가지고 거기서 수행승이 많이 나와서 도인이 나와야 된다. 이 생각만 가지고 임했던 것입니다. 그러니까 처음에 주장할 때 18개 사찰, 열여덟 개 사찰만 달라."

그러나 개혁은 금오스님의 뜻대로 이뤄질 수 없었다. 결국 비구승과 대처승의 물리적 대립이 불거졌고 정화불사로 이어졌다. 개혁 승려들이 내건 정화불사의 명분은 계율정신이었다. 금오스님의 제자들은 당연히 계율에 엄격했다. 계율에 관한 어떠한 변명도 예외도 없다. 정화불사로 시끄러운 와중에 월서스님에게도 난데없는 고난이 닥쳤다. 스님은 당시 20대 후반이었다. 동화사 말사인 보현사 원주 겸 주지소임을 맡을 당시였다. 어느 날 늦은 밤에 돌아와 보니 젊은 여신도가 통금에 걸려 원주실에서 자고 있는 게 아닌가. 월서스님은 방을 내준 채 부전스님 방에서 잠을 청했다. 하지만 이것이 사달을 초래하고 말았다. 이 사실을 참회했으나 그냥 넘어갈 금오 문중이 아니었다. 스님은 몽둥이질을 당할 수밖에 없었다.

죄없이 몽둥이질을 당한 월서스님은 거의 보름 동안 자리를 보전해야 했다. 금오스님은 상좌들에게 오직 참선 수행과 계율 엄수를 강조한 터였다. 그런 일이 있었으니 용서할 수 없었다는 것.

'용맹정진하여 일대사를 깨치리라' 작심한 수행터에서 벌어진 뜻밖의 고난이었으나, 세월이 지나 돌아보면 금오스님의 서슬 퍼런 승가 기강이 평생의 버팀목이었다.

잘난 척하고 배우지 않고 늙으면 병들어 신음하고 한탄만 하게 된다

사찰은 '목욕탕' 선문답

스님의 선문답이 돋보이는 일화 한 토막이다.

서울 주변 아담한 산사에서 주석하던 시절, 한 젊은 여 신도가 스님을 찾아와 물었다.

"스님, 절이 무엇입니까?"

"목욕탕."

"우리 스님께서는 농담도 잘하시네요."

"자네 왜 절에 오는가?"

"부처님 만나러 오는데요."

"너의 집에도 부처가 있는데 왜 여기를 와. 아직 자네는 때를 씻지 못했군."

"우리 집에 부처가 있다니요?"

"집에 있는 남편과 아이들이 부처이니 잘 모시라. 육신의
때를 벗기는 곳이 목욕탕이라면 마음의 때를 벗기는 곳이
절이니라."

이 이야기는 스님의 법문집 《행복하려면 놓아라》에도
소개된 바 있다.

스님은 경허, 만공, 보월선사의 법맥을 이은 금오스님의
애제자이다. 스님의 용안에서도 짐작할 수 있는 것처럼 스
님은 애써 자신을 포장하지 않는다. 에둘러 말하는 법이
없다.

잘난 척하고 배우지 않고 늙으면 병들어 신음하고 한탄만 하게 된다

코로나 사태를 타개하는 지혜

스님께 코로나19 사태에 헤쳐나갈 지혜를 어디서 구해야 하는지 여쭈었다. 스님의 담백하면서도 힘 있는 어조는 설득력 있게 다가왔다.

"푸른 숲에서 흘러가는 물은 만고의 마음이지. 지금 이 세계는 코로나19로 인해 수백만 확진자, 거의 600만의 확진자 또는 수십만, 거의 40만에 가까운 소중한 생명을 잃고 전 세계가 불안과 공포에 떨고 있습니다. 100여 년 전에 불교 중흥을 이룬 경허스님의 얘기를 전합니다.

동학사의 강주로 계셨던 경허스님은 청계사의 은사스님을 뵈러 가는 도중, 천안쯤이었을 것입니다. 폭풍우, 엄청난

소낙비를 맞았습니다. 비를 피하려다 한 마을로 들어섰습니다. 마을의 사람들이 전염병으로 죽어가는 것을 목격했습니다. 그 시체가 산더미처럼 쌓이고 그 쌓인 것을 보고, 경허스님은 겁이 덜컥 났습니다.

"나도 저렇게 죽어가지 않느냐." 그래서 공부란 이 문자 공부로 죽음을 견디어낼 수가 없고, 생사를 면치 못하는 공부는 헛됨을 통절하게 깨달았습니다. 생사가 무엇인지, 태어나기 전에 나는 누구인가. 죽으면 또 어디로 가는가. 이 것에 회의를 품었어요. 다시 동학사로 되돌아와 화두를 들고 정진에 들어갔어요.

'여사미거 마사도래驢事未去 馬事到來', 나귀의 일이 끝난 줄 알았는데 말의 일이 닥쳐왔다는 화두입니다. 졸음이 오면 또는 혼침이 오면 그것을 방어하기 위해서 날카로운 칼날 같은 송곳을 턱에 받치고, 8년 동안의 피나는 정진을 하였습니다.

그 정진 도중 한 번은 하루에 한 끼씩 밥을 드리는 사미승이 '무비공無鼻孔'이라고 한마디 했습니다. 무비공, 콧구멍이 없는 소라는 의미입니다. 무비공, 이 말을 듣는 순간에 경허스님은 삼천대천 세계가 다 내 집인 것을 깨달았어요.

잘난 척하고 배우지 않고 늙으면 병들어 신음하고 한탄만 하게 된다

무비공은 승려, 중도 아닌 스님이 방일하고 계율 안 지키고 해서 소가 되어도 콧구멍이 없는 소가 된다는 뜻입니다. 경허스님은 전염병으로 죽어가는 처참한 상황을 보고, 발심, 새로운 동기가 부여된 것입니다.

코로나19는 오장 심장폐장을 싹 녹여 죽인다는 것입니다. 코로나 정국에서 다시 우리가 죽어가는 이 생명체가 무어냐, 생사가 뭐냐, 다시 새로운 분발심이 되고 새로운 동기 부여가 되어야 될 것입니다."

스님이 언급한 것처럼 부처님 따르는 불제자들은 최소한 무비공이 되어서는 안 된다. 부처님도 달마대사도 우리 자성은 본시 부처라고 깨우쳤다. 성불이란 바로 이를 가리킨다고 스님은 강조한다. 스님의 설법은 이어졌다.

"금오 큰 스님은 늘 말씀하셨지요. 참선하는 이는 의정擬定이 맺혀야 한다고 말씀하셨지. 또한 의단이 독로獨露해서 성성적적惺惺寂寂한 화두일념이 되어야 한다고 하셨습니다. '의착화두 여교생철疑着話頭 如咬生鐵' 화두를 의심해 지을 때는 생철을 씹는 것같이 하라고 했습니다."

스님은 적게 먹고, 적게 자고, 적게 말하고, 책 보지 말고, 돌아다니지 말라고 당부한다. 혼침 산단심 번뇌망상을 내어쫓기란 범인들로서는 힘들다. 화두를 들고 정진에 들면 혼침이 아니면 망상, 망상이 아니면 혼침, 정말 험로이고 난공불락이다.

잘난 척하고 배우지 않고 늙으면 병들어 신음하고 한탄만 하게 된다

혼침·망상·번뇌를 쫓는 방법

스님은 혼침·망상·번뇌를 쫓는 방법을 일러준다. 속세 인들이 밤잠을 못이루는 주요 원인이 이것이다.

"화두가 잘 되어나가는 것 같지만 어느새 망상이 또는 어느새 혼침이 옵니다. 이거 정말 극복하기가 힘들어요, 너 무 급하게 하지 말고 너무 느슨해서도 안 됩니다. 거문고 줄처럼 팽팽하게 지혜와 용기로 해야 합니다. 마치 모기가 강철로 된 소에게 덤벼들 듯해야 합니다."

옛 어른들이 이르기를 제대로 된 참선을 하려면 뚫으라 고 했다. 오묘한 큰 깨침은 망상의 길을 끊어야 한다는 것 이다.

참선한다고 모두가 깨달음을 얻는 것은 아니다. 스님은 "결과에 이르지 못하면 참선은 말 뿐이고 성공할 수가 없다"고 했다. 그러면서 "참선의 목적은 마음을 밝히고 성품을 보는 것이요. 이 마음의 오염을 제거하고 자기 성품의 참모습을 보는 것"이라고 정의한다.

그러면 세속인들이 망상을 없애는 방법은 무엇일까? 스님의 해석이 명쾌하게 다가온다.

"여러분과 나는 미혹되어 생사윤회의 바다에 빠져 오염된 지가 오래입니다. 망상에서 벗어나 참된 본성을 볼 수가 없지요. 그런 까닭에 참선이 필요한 것입니다. 참선의 조건은 망상을 없애는 것입니다. 어떻게 하면 망상을 없앨까. 정말 부처님이 설하신 말씀이 수도 없이 많지만 쉬면 곧 깨닫는다. 헐즉보리歇卽菩提, 생각을 쉬는 것이 깨달음이라.

안으로 헐떡거리는 것을 없애고 그 마음은 창백과 같아야 합니다. 그래야 도에 발을 들여놨다고 할 수 있어요. 우리는 온갖 인연의 생각 망상에 죽 끓듯 하고 있습니다. 이래가지고서야 참선할 수 있겠는가 하는 거지요."

참선에서 성공하려면 됨됨이, 즉 성품이 중요하다. 개개

잘난 척하고 배우지 않고 늙으면 병들어 신음하고 한탄만 하게 된다

그릇이 튼튼해야 한다. 그래야 호수처럼 고요한 선정을 이룰 수 있다.

　스님은 "잘난 척하고 배우지 않고 늙으면 병들어 신음하고 한탄만 하게 된다"고 기자를 꾸짖기도 했다. 현대 지식인들에게 던지는 경책의 말씀이다.

깨달음의 노래

태백산 각화사 동암에서의 결기

　강원도 태백산 동암은 스님에게 특별한 기도 도량이다. 청년 스님의 서릿발 결기가 느껴지는 대목이다.

　"각화사 동암 가는 길인데, 진짜 이 길은 내가 처음 올 때 감회가 깊은 길이었어요. 나무가 이렇게 안 크고 쌀 한 가마니 저 아래 춘양에서 짊어지고 기를 쓰고 오면서, 죽어도 여기서 쌀 한 가마니 먹기 전에 견성하겠다 이 생각뿐이었어요."

　태백산 각화사는 첩첩산중에 자리한 고찰이다. 춘양면에서 가파른 산길을 두세 시간 올라야 하는 험준한 산악에 있다. 예부터 도인이 많이 나왔다는 수행터이다. 역대

잘난 척하고 배우지 않고 늙으면 병들어 신음하고 한탄만 하게 된다

선승들이 목숨걸고 수행한 결기 도량이다.

20대 중반 혈기방정한 나이의 월서스님은 스승의 가르침대로 '오직 참선에 매달려 화두를 타파하리라' 작심하고 올랐던 동암이다.

"결제를 셋이 했는데 한 분은 열흘 있다가 가고 한 분은 또 한 20일 있다가 가버리고, 내가 이제 두 달 열흘을 여기서 혼자 밥 해먹으면서 정진했어요."

각화사에는 동암과 서암 등 암자가 있다. 특히 동암은 산 중턱에 있으며 각화사에서 30분 정도 더 올라가야 나온다. 호랑이 밥이 되든가 도인이 되든가, 목숨을 걸지 않으면 한 달을 견디지 못한다는 전설 같은 암자가 동암이다.

"여기가 삼호식 십팔도인이 나온다고 했어요. 셋이 호식을 하고 18명이 도인이 나왔는데, 지금 17명이 나왔다는 말이 있고 그래요. 저 밑에 탑이 있습니다."

그러나 18번째 도인을 꿈꾸었던 20대 중반의 월서스님은 석 달 수련 이후 해제를 하루 앞두고 호랑이보다 무서

깨달음의 노래

운 경계에 맞닥뜨렸다.

"해제인데 이제 막 혼신을 다해 정진하는 거거든. 양치하는데 한 처자가 올라온 거예요, 뭔가 짊어지고서... 눈 닦고 봐도 또 올라오는 거야. 방이 하나 아니에요 하나? 그런데 저 뒤에는 산신각이 있어요. 산신각이 판자로 되어 있는데. 날이 어두워져 버린 거예요. 방에 같이 있을 수가 없잖아요. 얼마나 춥던지... 바람 불고 눈비 때리는데 여기 걸망에 있는 거 다 내어 여름옷까지 다 껴입었어요. 껴입어봐야 별것 아니잖아. 껴입고 산신각에 들어가서 목탁이 부서지도록 막 12시, 1시 되니 오들오들 떨리는 거야, 사람이."

매서운 겨울 바람이 휘몰아치는 시기였지만 스님은 신체 건강한 청년이었다. 밤새도록 목탁이 부서져라 두드리며 유혹을 견뎌냈다. 칼날 위에 선 듯 두렵고 긴 밤이었다고 스님은 회상한다.

"여기서 3개월 살았는데 내 일생일대 그 때가 가장 큰 보람이었다고... 큰 도는 못 깨쳤지만 힘을 얻었다 이렇게 생각이 들어요."

잘난 척하고 배우지 않고 늙으면 병들어 신음하고 한탄만 하게 된다

돌아보면 근기를 점검하기 위한 보살의 화연이었는지도 모른다. 스님에게 계율 지킴은 그렇게 담금질 되었다. 젊은 시절 스님은 못 배운 것이 한이 되어 강원 공부를 하고 싶었으나, 금오스님은 이조차 허락하지 않았다.

"화두만 들고 가야지, 경전을 보고 학문이 풍부하고, 또 그 다음에는 좀 이렇게 지식이 많이 쌓였다든지... 지식을 갖고 있다고 생각한다면... 나보고 얼굴 잘생기고 풍채 번번 한 놈이 반드시 너는 속가로 나가고 만다 이거지요."

그랬던 호랑이 은사 스님이 열반에 든 지 벌써 반세기가 넘었다. 은사에 대한 공경심이 남달랐던 스님은 금오선수행연구원을 설립해 스승의 선 사상을 선양했다.

《금오스님과 한국불교》《금오스님과 불교정화운동》을 출판하기도 했던 월서스님은 48주기 때 금오스님의 사상과 행적을 기록한 책 《금오》를 출간해 스승에게 헌정했다.

체격 좋고 성품이 우직하여 큰 스님들은 월서스님에게 자주 어려운 소임을 맡겼다. 분황사와 조계사 주지를 거쳐, 불국사 주지 소임을 역임했다. 그러나 자신이 있어야 할 곳이 선방 좌복 위라는 사실을 한 번도 잊은 적이 없다. 높고 낮은 소임 자리는 모두 부업일 뿐이다. 종회의장까지 역임한 월서스님은 50대 중반의 나이에 해인사 선원에 안거했다.

생전 성철스님은 스님더러 종회의장까지 지낸 사람이 올 곳이 못된다며 돌아가라며 그간 모아놓았다는 '휴지조각'을 던져주었다. 그 휴지조각이란 돈다발이었다. 내심 기특하게 여긴 성철스님이 보여준 애정의 표현이다.

스님은 한때 불교계 인사들과 금강산을 순례하기도 했다. 천년 고찰인 금강산 신계사는 6·25전쟁 때 전소되고, 삼층석탑만이 신계사지를 지키고 있었다. 신라시대 김유신이 신계사로 찾아와 삼국통일을 발원했던 유서깊은 사찰이다. 21세기 남북의 불교계 스님들이 신계사에 모여 남북통일을 발원했다.

금강산은 실로 한국불교의 요람이었다. 금오스님도 금강산 마하연에서 출가해 득도하고 6년 동안이나 참선 수행했다. 스님들이 금강산을 순례했을 당시 남북통일의 비원을 담아 신계사 복원불사가 이루어졌다. 한반도의 불교를 바로 세우는 명분도 되었다. 이처럼 월서스님은 70대 후반까지 종단의 크고 작은 소임을 맡아 바쁜 나날을 보

잘난 척하고 배우지 않고 늙으면 병들어 신음하고 한탄만 하게 된다

냈다. 분주했던 지난 세월을 돌아보면, 언제 물에 빠질지 모를 아슬아슬 징검다리였다고 스님은 회상했다.

전통사찰 음식축제와 보살계 수계식이 있는 날은 속리산 문화축제의 날이다. 내외 귀빈도 자리를 함께한다. 1부 행사가 끝나고 법주사 너른 마당에 금강계단이 설치됐다. 출가와 재가를 막론하고 수지하는 보살계 수계식이 이어졌다. 여러 스님들이 참례한 가운데 조실 월서스님이 수계식을 주재했다.

수계식에서 내린 스님의 법어 한 토막을 옮겼다. 스님의 음성에 힘이 실렸다.

"이 계라는 것은 파계도 되지만 파기입니다. 그릇을 깨뜨린다는 거지요. 그릇을 깨뜨리면 거기서 수행이나 지혜나 복이나 덕이나 모든 행복을 담을 수가 없습니다. 이렇게 때문에 잘 간직해서 오늘 계 그릇을 가지고 가서, 내년에 또 그 그릇을 가지고 와서 또 담아서 갑니다. 이것이 오늘 여러분들의 속리산 법주사 대 금강계단에서 받은 계의 의미입니다."

해외에서 더욱 빛난 스님의 정성

언젠가 스님이 주석하는 봉국사에 먼 데서 찾아온 귀한 손님이 내방했다. 캄보디아 승왕 텝봉스님이었다. 월서스님은 오래전부터 캄보디아 교육사업을 후원해오고 있다.

텝봉스님과는 1997년 세계불교도대회에서 만나 인연을 잇고 있다. 텝봉스님과의 인연으로 캄보디아 학교를 후원하게 됐고, 훗날 대규모의 지원사업으로 확대되었다. 월서스님이 펼치고 있는 나눔과 회향의 한 대목이다.

동국대 부총장 종오스님의 전언이다.

"미얀마, 라오스, 태국, 네팔, 이런 곳 오지 마을에 여러 봉사활동을 많이 하고 계시거든요. 천호월서희망재단이라는 재단을 만드셔서 봉사활동을 하고 계시는데, 제가 알기

잘난 척하고 배우지 않고 늙으면 병들어 신음하고 한탄만 하게 된다

만도 우물을 파준다던가 학교를 지어준다던가, 그 학교의 학생들을 위한 구체적인 장학금 생필품을 지원하신다던가. 선생님들의 복지에 도움이 되게 지원하신다든가, 또는 전체에 도움 되는 컴퓨터만도 수백 대를 여기저기 지원하셨지요."

2012년 설립한 천호월서희망재단은 기부금이나 국가보조금을 받지 않는다. 스님이 법문으로 받은 수복이라든가 서예 작품전시회에서 나온 수익금 등으로 운영되고 있다.

선과 붓글씨는 둘이 아니다. 선사들이 그러하듯이 스님에게 붓글씨는 도를 닦는 일이다. 서예가 아니라 '서도'이다. 스님은 30년 넘게 선묵일여禪墨一如의 정신으로 정진해왔다. 스님도 서도가 나눔의 방편이 될 줄 몰랐다고 한다.

"전시회를 두 번 했어요. 조계사에서 한 번 하고. 또 미얀마나 캄보디아 좀 도우려고... 그즈음 또 종단 대표로 평양, 그리고 백두산에 두 번 갔다 왔는데, 갈 때마다 너무나 가난해서 밥을 못 먹고 퉁퉁 부어 있었다. 이래가지고 내가 쌀이라도 한 톨 보내야 되지 않나. 이래가지고 서예를 시작해가지고..."

깨달음의 노래

눈뜬 자로서, 차마 지나칠 수 없는 자비심이며 보살서원의 낙관이다. 선사의 청정한 기상이 살아있다는 평을 듣는 스님의 서예작품들, 그 전시회로 마련된 기금은 미얀마 등 오지 학생들에게 희망의 씨가 되고 있다.

어느 한때 미얀마에서 있었던 일이다.

불탑의 도시 바간이다. 바간의 작은 시골 마을이 특별한 손님맞이 정성으로 가득 찼다. 스님의 후원으로 중학교 건물이 새로 신축 완공된 날이다. 교육시설이 낙후한 쉐띳 마을에 처음으로 정부인가 중학교가 세워졌다. 교육청 관계자와 마을 주민 700여 명이 모인 축제 같은 낙성식이 열렸다.

스님은 '천오월서희망재단학교'가 인재육성의 요람이 되길 축원했다.

"오늘 이 자리를 빛내주신 이 절의 주지스님과 미얀마 정부 교육관계자, 마을회장님, 또는 주민 여러분들께 감사드립니다. 한국도 전쟁으로 힘든 시기를 겪었지만, 많은 이웃나라의 도움과 한국 국민의 힘으로 현재의 경제성장을 이룩할 수가 있었습니다. 그런 의미에서 천오월서희망재단에서 이 마을에 학교를 건립함으로써 미얀마의 미래 세대를

잘난 척하고 배우지 않고 늙으면 병들어 신음하고 한탄만 하게 된다

이끌어갈 인재를 배출한다는 데 그 의미가 있는 것입니다."

미래의 희망은 인재교육에 있다. 불교국가의 교육사업에 공들이는 스님의 철학이 토대가 되었다.

미얀마에서 대부분의 시골 학교가 그렇듯이 애초부터 이 학교도 사원 학교였다. 사찰에서 유치원과 초등학교를 운영해왔다. 월서스님은 수년 전 이곳 사원학교 스님과의 인연으로 처음 학교를 둘러보았다. 교실을 둘러보고 충격을 받았다고 한다. 사원 학교의 옛 건물, 나무로 지어진 허술한 교실에다, 벌레 먹은 바닥에는 구멍이 숭숭 뚫려 있었고, 언제 무너질지 모르는 낡고 위험한 건물이었다.

미얀마 현지의 학교 가이드 혜연스님의 전언이다.

"여기서는 큰 스님께서 이 학교를 지으면서 이렇게 큰 규모로 하실 줄 몰랐어요. 이 사람들이 원하는 건 지붕 좀 바꿔주고 벽 좀 고쳐주고 하는 정도였어요. 그런데 큰 스님이 워낙 큰 돈을 내놓으셔서서 아예 부지를 사서 이참에 중학교로 올리자 해서 한 거예요."

스님의 후원에 힘을 얻은 주민들이 발 벗고 나섰다. 6개월 만에 현대식 건물의 신축 교사가 완공됐다. 유치원과 초등학교뿐이었던 사원 학교는 정부 인가를 받은 중학교까지 확장되었다.

"결과적으로 저렇게 이루어진 건 내가 조금 성의를 보였고, 이곳 주민들이 부역 삼아 전부 다 와서 일을 해요. 일을 해서 이렇게 이루어졌다고 생각이 됩니다. 여기가 시골이지만 재능이 있고 또 상당히 영재들이 많이 살아요. 그래서 이 영재들이 공부를 해서 미얀마를 이끌고 또 우리 세계불교를 이끌어나갈 수 있는 인재가 나왔으면 하는, 이게 바람이지."

잘난 척하고 배우지 않고 늙으면 병들어 신음하고 한탄만 하게 된다

부끄럽지 않은 승가의 거울

스님은 2016년 청정 승단의 수호로서 선불교 전통을 확립한 공로를 인정받아 2016년 대원상을 수상했다. 그 상금도 전액 미얀마 학교로 보내졌다. 평생을 일관해 온 스님의 우직한 성품이 오롯이 드러난다. 80대 후반의 세수임에도 스님은 산에 오른다. 청량한 산 기운은 사계절이 모두 좋지만 특히 생명력 넘치는 초여름의 산이 좋다.

"산에 가서 좌선하면 자기 본성 자리를 되찾고, 본래 산은 인간의 젖줄이라 사람의 젖줄이여. 산에서 왔다가 산으로 돌아가고 그렇기 때문에 산을 좋아해요."

스님은 한라산부터 지리산, 설악산 등 국내 108곳을 다

니며 기도를 마쳤다. 이제 큰 산도 작은 산도 경계가 없다. 다만 산을 오르는 이가 있고, 산을 넘지 못하는 이가 있을 뿐이다. 체력과 상황에 따라 큰 산 작은 산이 있을 뿐, 산에 들어온 사람만이 산을 느낄 수 있다.

경복궁과 청와대가 잡힐 듯 가까운 거리, 그래서 자주 오르는 북악산이지만 이곳에 오를 때마다 습관처럼 기도를 한다. 북악산 호경암에는 아픈 상처가 있다. 50여 년 전 무장공비 김신조가 내려왔을 때 총격전이 벌어졌던 곳이다. 바위에 얼룩진 총탄 자국은 분단국가의 현실을 일깨워준다. 작심하지 않아도 기도하게 된다.

제주 천왕사는 길게 이어진 삼나무 숲길로 유명하다. 오래전 봉암사 선원에서 안거를 성만하고 당시 종정 서암스님과 함께 당도한 곳이 천왕사였다. 당시 도량은 음산했고 절이랄 것도 없는 암자는 관리가 안 된 채 방치되어 있었다. 주지와 시주자들이 각기 사찰 땅을 팔아먹어 소송 중이었기 때문이다. 이 어지러운 사찰을 스님께서 정리해 오늘에 이르고 있다.

"30년 전 올 때에는 여기 나무가 적었으니 저게 전부 다 부처님이여, 이 돌이 부처님, 나한 부처님인데, 영험 도량이

165

야. 그때 절이 조그마한 무허가로 지어진 걸 전부 다시 내가 설계했어요."

나한전을 비롯해 전통 사찰의 여법한 모습을 갖추기까지 길고 힘든 싸움이었다. 천왕사에 올 때마다 스님이 포행하는 길이 있다. 삼나무 길의 멋스러움을 탐해서가 아니다. 도로 한쪽에 특별한 부도탑이 세워져 있기 때문이다.

"여기가 천오월서탑이라. 내가 죽으면 유골이 여기로 들어와. 이것만 뜯어내면 여기다 내가 썼어요. 천오월서지탑."

스님 본인의 부도탑이다. 가고 오는 것은 자연스러운 이치다. 행여 상좌들 번거롭게 할까 염려하여 스스로 처연한 심정으로 생전 부도탑을 조성하고 죽음을 옆구리에 끼고 계신다. 언제 죽어도 좋을 이생이길 열망하며, 늙어가는 육신을 경책하고 있다. 소용돌이치는 역사와 경계 앞에서 마음 지킬 수 있었던 것은 스승의 가르침과 더불어 승가의 울타리가 있었기 때문이다. 스님 역시 언젠가는 부도탑에 들 것이다. 그날까지 부끄럽지 않은 승가의 거울로 남고 싶다는 게 대종사 월서스님의 바람이다.

깨달음의 노래

스님이 걸어온 길

1936년 경남 함양 출생

1951년 동산스님을 은사로 출가

1956년 금오스님을 계사로 사미계 수지

1971년 경주 분황사 주지

1981년 불국사 주지

1985년 조계종 중앙종회 의원

1995년 조계종 호계원장

2012년 천호월서희망재단 이사장

2013년 법주사 조실

2013년 금오선수행연구원 이사장

마음이 만든 시공간에
구속되어 벗어날 줄 모르네

금정총림 40여년 정신적 지주

678년 신라 문무왕 치세 의상대사가 창건한 선찰 범어사. 오랜 세월 당대 종교와 시대 정신을 이끌어 간 큰 인물들이 탄생한 금정총림의 본산이요 천년 고찰의 수행도량이다.

범어사 산중 암자 중에는 유난히 아담하면서도 경건한 자태로 원효암이 자리잡고 있다. 자비와 지혜의 숲을 지나 마주하게 되는 선승의 수행처로 안성맞춤이다.

암자 이름 그대로 원효대사가 세운 이 암자를 지난 40여 년간을 지켜 온 선지식인이 주석하고 있다. 지유스님이다. 홀로 수행하면서 후학들을 지도하는 도량으로 삼고 있다. 금정총림의 정신적 지주로 추앙받는 지유 대종사는 장좌불와와 일종식의 실천가로 잘 알려져 있다. 실로 극도

깨달음의 노래

의 자기절제를 실천하는 큰 스님이다.

지유 대종사의 출가 동기는 속세인들에게 잔잔한 감동을 선사한다. 지유 대종사의 담백한 고백을 이야기로 풀어냈다.

스님은 초등학교를 졸업한 청소년 시절 비행기를 조종하는 비행사가 되고 싶었다고 했다.

"실제 그(비행) 훈련도 받았어요. 해방이 1년만 늦었으면 가미가제 특공대로 갔을 거요 아마도. 초급은 마쳤거든. 곧 중급에 들어갔을 거고… 면허 얻어가지고 해방되었으면 좋았을 텐데… 그런 꿈을 꾸고 있었어요. 그랬던 사람이 해방되어 한국에 왔거든… 너희들 빨리 조선에 돌아가라, (조선에서)학교도 다닐 수 있으니 돌아가라. 이런거 다 내버리고 가라. (그렇게 해서) 적당히 접어버리고 와보니 아무것도 없잖아요."

일본에서 태어난 스님은 일제 패망과 더불어 해방을 맞아 조국에 귀환했다. 한창 꿈을 먹고 자라는 성장기에 누구나 해봄직한 바람이다.

마음이 만든 시공간에 구속되어 벗어날 줄 모르네

"파일럿이 되고 싶었는데... 일본에 (계속)있었으면 아마 그 길로 나갔을 거요. 다 틀렸잖아. 극단적으로 생각했어요."

담담하게 전해주는 스님은 청소년 시절을 전하면서 활기가 넘친다.

"고국에 돌아와 속가에서 3년여 살았어요. 열여덟에 출가했는데... 사람이 고통받고 뜻대로 안 될 때 좌절하는 사람이 있고, 그것을 계기로 해서 어떻게 살아야 할지 연구하는 사람도 있지요."

스님께서는 또래들 보다 조숙했다고 한다. 당시 식민지 한국을 병탄한 제국주의 일본의 현실을 목도하면서 삶에 대한 고민이 적지않았을 터였다. 일찍부터 어떻게 살아야 아름다운 생을 제대로 이어갈지 궁구했다. 속된 말로 너무 세상을 일찍 알았기 때문인가. 아마도 일제시대 삶을 연명해 온 당시 한국 지식인들은 죽음을 앞둔 사람처럼 치열한 고민과 번민의 나날을 이어갔을 것이다. 스님 역시 일본을 경험한 청년 지식인이었다.

"거지나 대통령이나 마지막에는 틀림없이 죽음이 온다. 결국 죽기 전에 뭐 갖고 갖지 않는 것 차이... 인생을 느꼈어요. 어떻게 해야 할지? 마치 그때 산에 있었어요."

청년 지유는 산중 암자에 기거하는 한 노인에게 "옛날 원효대사, 서산대사, 사명대사 처럼 그런 이를 일컬어 대사라고 하는데 대사가 뭡니까" 하고 물었다.

당시 암자에서 만난 노인(동산 대종사)과 일문일답이다.

"대사는 도를 통하는 도승들이라.

도로 통했다고 하면 뭐가 어떻게 됩니까.

이 사람아 도로 통하면 그만이지.

어째서 그만입니까?

신통조화를 부리고 구름 타고 생사를 자유자재!

아무나 할 수 있습니까?

거 아무나 못한다.

왜 그럽니까?

도로 통하려면 아주 깊은 산중에 10년 동안 다른 잡념 일으키지 않고 조금이라도 다른 생각하면 안되어...

저는 어떻습니까? 좀 봐주시오.

마음이 만든 시공간에 구속되어 벗어날 줄 모르네

자네는 어쩌면 될 것 같다."

이 말을 들은 스님은 뛸 듯이 기뻤다고 했다. 스님의 전언이다.

"그때는 승려가 뭔지 몰랐어요. 승려는 죽은 사람이 오면 잘 맞춰주는, 이런 사람인줄 알았거든. 도를 깨닫는 것이 승려구나. 처음에 나보고 중이 되라 하는데 사나이 대장부가... 하지만 어차피 승려 될 바에는 사전에 책보고 공부하는 것이 좋겠다 해서 일부러 승려들이 보는 책을 빌려 가지고 배꼈어요. 다 외워갔어요. 처음엔 미륵암이라는 절에 갔어요."

청년 시절 스님은 암기력이 탁월했던지 읽는 페이지마다 거의 외우다시피했다 한다.

동산스님을 스승으로 모시다

　1949년 출가를 결심하고 들어선 산문이 원효 대사가 세웠다는 미륵암이다. 출가 이후 계를 내린 은사 스님은 당시 불교정화 횃불을 들었던 동산 대종사(1890~1965)였다. 산중 암자에서 만났던 그 노인을 스승으로 모셨다. 스님은 동산스님에 대한 애틋한 기억을 살려냈다.

　"정말로 암자는 신선들이 살고 있는 것 같았어요. 스님이 묻기를 '어떠냐? 여기 있고 싶으냐?' 하시니 담박에 머물겠다고 졸랐다. 열여덟하고 두 달 정도였을거요. 근데 스님들에 들리는 말로 매일 꾸지람 안들을 때는 거의 없었다고 해요. 실제로 동산 스님께 안 터지는 시좌는 나 하나밖에 없었죠. 왜? 토를 달지 않아서..."

마음이 만든 시공간에 구속되어 벗어날 줄 모르네

예나 지금이나 스승에게 토를 다는 제자가 꾸지람 듣는 것은 매한가지다. 아무리 도닦은 스승이라도 사람이니 토를 달면 안되는 거였다. 그저 고분고분하는 제자가 스승에게는 마음 가는 법이다.

"스님께서는 성격이 좀 급하십니다. 그래도 저놈이 보통 놈은 아니다. 뭐가 있다고... 그래서 이름(법명)을 지유라고 지어 주셨는지는 모르지만..."

스님은 스물셋 청년기에 접어들어 입대했다고 한다. 군에서 알았던 친구는 평생을 함께 간다. 당시 그때 알았던 그 도반도 출가했다. 그는 출가한지 벌써 3년이 다 되었다. 스님은 깨달았다고 한다. 세월이 지나도 깨달음을 얻지 못하는 스님들이 부지기수였다.

"3년 지나도 깨닫지 못하면 소용이 없어... 세월만 보내고 있는거라. 왜? 3년 됐다하더라도 초심자와 같은 마음을 버리지 않으면 희망이 있지만, 대개 안그렀지. 5~6년 되면 짬밥 때가 묻어 고참 노릇하거든. 승려 생활이야 고참이지. 하지만 도에 대해서는 깜깜 무소식... 그래서 3년 안에 깨달

깨달음의 노래

아야 된다는 말이지...”

 서당개 3년이년 시를 읊는다는 우스갯 소리도 있다. 절밥 3년이면 뭔가 깨달아야 한다는 말이 그래서 나온 것인지도 모른다. 스님은 자신의 체험담을 전했다.

 “어떤 책에 이런 구절이 있지요. 화두를 들었든 뭐를 했든 일념으로 나가면 10일을 넘지않고 깨닫는다는 말입니다. 그러나 나도 애를 썼지만 일념까지는 되지 못했어. 그럼 어떻게 하면 일념이 되겠느냐? 언젠가는 우리가 마음놓고 원 없이 일념이 되도록 하자.”

 스님께서는 작심을 하고 길을 떠났다. 무엇이든 할 수 있다는 자신감에 찬 청년기에 깨달음을 얻고자 고통스런 구도의 길을 떠난다는 것은 말처럼 쉬운게 아니다. 남들처럼 주는 절밥이나 먹으면서 편하게 수행할 수도 있으련만 스님은 편한 길을 택하지 않았다.

 “그렇게 해서 원적사라는 절에 갔지요. 겨울을 나기 위해 구들을 우리 손으로 놓고 나무도 하고... 사생결단코 해

마음이 만든 시공간에 구속되어 벗어날 줄 모르네

보자. 도반하고 제 동생 (친동생 법종스님)도 같이 왔어요. 공양을 교대로 하고 밥먹고 젓가락 놓으면 잡담하지 말고 오로지... 밤 11시 취침 2시 일어나기로... 잠 안자는 것은 각자 알아서 하고..."

스님 일행은 일념 수행길에 들어섰다. '지금 이 순간'을 명징하게 관조함으로써 온갖 마음의 괴로움에서 벗어나 안정감을 가질 수 있다. 일념이 깊어지면 명상자는 삶의 무상함과 무아를 생생하게 체험할 수 있다.

"그런데 근데 일념이 그렇게 쉽습니까? 어떻게 할까? 화두도 들고 있었지만, 화두보다는 일념으로 해야되겠다. 그래서 몸과 마음이 둘이 아니라는 말이 맞습니다. 남보기가 흉측스러우니 벽을 보고, 진검을 빼들고 싸움하듯이... 일념을 위해서는 옆 신경 쓸 필요 없어요. 얼마나 애를 썼는지... 평생 그렇게 신경 써보기는 처음 일겁니다.

혼자 어두운 곳에서 하루 이틀 삼일쯤... 이상하게도 (스님들)법문을 하나도 알 수 없었어. 무슨 법문이 저런 법문인가. 내가 앞으로 도를 깨친다면 저렇게 법문 안 한다. 알아 듣도록 해줘야지. 그랬던 것이 삼일쯤 되니까 그 말들이 이

해가 되었다. 이렇게 나가면 깨달아가는구나!"

가장 손쉬운 깨달음의 길은 바로 '일념 명상'이다.

"그때 슬픈 생각을 했어요. 도는 안 터지고 병이 먼저 터지니 어떻게 하겠어요? 생각을 놓는다고 절대 쉬운 것이 아닙니다. 놓으려 해도 딱 붙어있잖아요? 눈 감으면 온갖 생각이 나기 때문에, 눈 뜨고 벽만 보고 자세 바로하고 아무것도 생각 없이... 처음 선방에 들어올 때 들었던 이야기가 있는데, 사람이 배고플 때 밥먹을 줄 알고 목마를 때 물마실 줄 안다. 그 소리가 머리에 떠오르더라고요. 지금 아무 생각 안하고 앉아 있는데 바로 벽이 보이거든, 종소리면 종소린 줄 알잖아요? 참 바로 이거로구나. 인제 가만히 굳이 앉아 있을 필요가 없구나."

스님께서 경험한 심오한 체험은 내면의 평화로운 무한한 흐름이었다. 의식을 완전히 바꾸어, 우리를 얽매어 왔던 뿌리깊은 긴장과 저항과 갈망을 사라지게 한다. 무아지경이란, 기쁨이 아니라 평화로운 내면의 흐름을 가리킨다.

마음이 만든 시공간에 구속되어 벗어날 줄 모르네

코로나 사태는 마음으로 다잡아야

　지유 대종사의 법문은 대중들에게 쉽게 다가온다. 코로나 사태를 헤쳐가는 인간의 길은 무엇인가.

　"코로나 바이러스가 전 세계에 퍼져서 국가적으로도 그렇고 불가에서도 그렇고 모든 행사를 하지 못했습니다. 심지어 사월초파일(부처님 오신날) 까지 하느냐 못하느냐 어려움이 많았지요. 다행히 국민들이 질서를 잘 지키고 어느 정도 마무리되었다고 해서 부처님오신날 행사를 한 달 연기하여 치르게 되었습니다.

　금년 결제도 하느냐 못하느냐를 고민할 수밖에 없습니다. 비말로 전염되는 상황에 가장 위험한 것이 밀폐된 공간, 사람들이 많이 모이는 밀집, 또 가까이 접하는 밀접이

깨달음의 노래

라고 합니다. 사람마다 호흡하다보니 바이러스 균이 눈에 보이지 않고 돌아다니기 때문에 될 수 있으면 그런 상황을 피하라고 하였습니다. 그런데 결제를 하게 되면 대중이 모이게 됩니다. 또 밀폐와 밀접의 상황에 놓이기 때문에 논의가 많았습니다.

그래도 국민과 대중이 워낙 질서를 잘 지킨 덕분에 결제는 해도 좋다, 대신 결제하더라도 밀폐된 공간, 많이 모이는 밀집, 밀접한 속을 피하기로 하였습니다. 지금은 여름이니까 결제를 해서 좌선을 할 때도 창문을 다 열어 놓고, 거리도 띄우고, 가능하면 사람이 대면하지 않는 것을 지키며 각자 마음 먹은바 공부에 열중해야 하겠습니다. 아무리 세월이 험악하고 병이 유행하더라도 우리가 근본으로 하고자 하는 각자 자기 수행을 저버릴 수 없잖아요. 금년은 어려운 상황에 놓여 있지만, 각자 출가해서 불문에 들어왔다고 하면 반드시 새겨야 할 기본이 있습니다.

이 근본은 어제 들어온 사람도, 10년, 20년, 30년, 오랜 세월이 지난 사람도 갖고 있을 것입니다. 물론 불문에 들어와서 오랜 세월을 보낸 사람이라면 보는 것도 많고 들은 것도 많고 느낀 것도 많을 겁니다. 그런데 거기에서 자칫 잘못하면 기본을 잊어버릴 수 있습니다. 그것이 무엇이겠

마음이 만든 시공간에 구속되어 벗어날 줄 모르네

습니까?"

스님은 불자의 기본을 설하면서 '심시불心是佛'을 제시했다. 속삭이는 듯한 스님의 말씀은 기자의 귀에 쏙쏙 들어온다.

"불문에 들어오기 전에는 불법이 무엇인지, 또 부처님이 무엇인지 몰랐습니다. 불문에 들어와 보니 가장 기본이 '심시불'이라고 합니다. 즉, "부처가 무엇인가, 부처는 바로 마음이다." 이것을 잊어서는 안 됩니다.

옛날에 어떤 사람이 이 세상에 부처님이 오셨다는 말을 듣고 '도대체 부처님이라고 하는 분이 어떤 분인가, 하늘에서 내려오는 신이 부처님이라는 말인가?'하고 궁금했어요. 그때 그 사람은 어떤 선지식을 찾아가서 물었습니다.

'어떤 것을 부처라고 합니까?' 그랬더니 선지식인의 대답은 '심시불, 마음이 바로 부처다.'

그 말을 듣고 바로 깨달았다고 합니다. 부처님이 어디 하늘에서 내려오거나, 사람 외에 특별한 존재가 있는 줄 알았는데 그것이 아니라 마음이 부처라고 하였습니다. 마음을 안 가진 사람은 아무도 없습니다. 우리는 이 소리를 수 없이 들었지만 지나가는 소리로 흘려 버립니다. 지금 말씀드린 이분은 선지식인의 딱 한 마디를 듣고 깨달았습니다.

우리는 수 없이 들었고, 수 없이 책자를 통해서도 보았는데 왜 이것을 그냥 넘어가느냐? 가장 중요한 걸 놓치고 지나가는 겁니다. 참선한다, 주력한다, 염불한다 독경한다 물론 그것도 나쁘지 않습니다만. 배고플 때 밥 먹어야 하고, 목마를 때 물 마셔야 하고, 예불 시간에는 예불해야 합니다. 공양할 때는 대중이 함께 참석해야 하고, 대중 울력할 때는 다 같이 울력하는 것처럼, 일상생활을 남과 똑같이 합니다.

그런데 가장 기본이 무엇이냐, 심시불, 마음이 부처라고 하였습니다. 부처는 모른다고 하더라도 마음은 도대체 무엇입니까? 각자 마음 모르는 사람이 있습니까? 도대체 무엇을 마음이라고 하는지 생각해야 합니다."

마음이 만든 시공간에 구속되어 벗어날 줄 모르네

인간의 마음이 바로 심시불이다

마음이란 물질이 아니다. 형태가 없다. 스님의 마음공부는 과거 어느 조사의 설명보다도 쉽게 다가온다. 스님의 심시불에 대한 설법이다.

"마음이라고 하는 것은 물질이 아닙니다. 형태가 없습니다. 그러니까 아무리 보려고 해도 볼 수 없고 귀를 기울여도 소리도 들리지 않습니다. 코로 마음에 어떤 냄새가 나는가 하고 맡아보아도 냄새도 없습니다. 어떤 맛이 있는가, 짠지 쓴지 마음을 맛보려고 해도 맛도 없습니다. 그렇다면 마음이 이름만 마음이라고 했지 있지도 않은 것을 마음이라고 하는가? 이렇게 생각하기도 할 겁니다. 마음은 형태와 모양이 없기에 눈으로 볼 수 없고, 형태와 모양이 없기에 두드려도 소리가 나지 않습니다.

하지만 바깥에 물체가 있고, 바깥에 소리가 나고, 바깥에 냄새가 나고, 바깥에 맛이 있다는 것은 오직 마음만이 알 수 있습니다. 마음 자체는 맛이 아니고 소리도 아니고 냄새도 아니고 빛깔도 아니지만 각자 생각해보시기 바랍니다. 지금 이러쿵저러쿵 생각하고 있는 존재가 누구입니까? 소리가 나자 이 소리가 무슨 소리인가, 종소리구나 예불 때가 되었구나 이렇게 생각하고 있는 자체가 도대체 무엇입니까?"

깨달음을 경험하지 못한 세속인은 마음을 다잡지 못해 병통이 생기는 법이다. 마음을 어떻게 하느냐에 따라 일상사가 달라진다. 스님은 이를 지적한 것이다.

"마음을 깨달았다고 해서 없던 마음이 새로 생기고 마음을 깨닫지 못했다고 해서 도망가는 일은 없습니다. 깨달아도 마음이고 깨닫지 못해도 마음입니다. 깨달음과 깨닫지 못함은 하늘과 땅 차이입니다. 깨닫지 못한 사람은 이렇게 해야 하는지, 저렇게 해야 하는지, 어떻게 해야 하는지 일상생활 속에 이랬다가 저랬다가 만족대로 되지 않고 감

마음이 만든 시공간에 구속되어 벗어날 줄 모르네

정과 욕심대로 항상 불안하고 고통스럽게 살고 있습니다.

물론 그것도 마음입니다만, 깨달은 사람은 그 고통 속에 그렇게 살던 자기가 마음 하나 깨달음으로서 지금까지 고통에 사로잡힌 것이 삽시간에 없어져요. 그래도 마음이라. 깨닫지 못하면 고통 속에 묻혀 있고, 깨달은 사람은 그것을 다 밀어내어 버렸습니다. 깨달아도 깨닫지 못해도 똑같은 마음입니다. 깨달아도 바깥에 종소리가 나면 종소리가 난 줄 압니다. 깨닫지 못한 사람, 심지어 축생, 미물, 곤충까지도 바깥에 소리가 나면 똑같이 압니다. 그 아는 자체가 마음입니다. 옛 선사도 말씀하셨습니다. 그렇게 마음을 깨닫기 위해서 화두를 들고 열심히 열심히 힘을 다하고 노력해도 깨닫지 못했던 것이 갑자기 바깥에 쿵 하는 종소리를 듣고 깨달았다고 합니다."

스님은 산사에 들어 깨달음을 한번 경험해보라며 기자에게도 권면한다. 산사에서의 깨달음은 그간의 시달린 인생에서 맛보지 못한 영감을 선사할 것이다.

"깨닫지 못한 사람은 알기는 아는데 소리인 줄 알고, 빛깔인 줄 알고, 맛인 줄 알면서 온갖 사량 분별 속에서 알고 있는 것입니다. 그래서 시원한 맛이 하나도 없습니다. 피곤하다고 해서 잠에 빠져버리면 그렇게 편안할 수 없지만 그것은 혼침입니다. 깨닫지 못한 사람은 일상생활에 눈만 뜨면 이 생각, 저 생각을 합니다."

불가의 용어 가운데 혼침이란 무엇인가. 혼란에 빠진 마음의 상태를 가리킨다. 간단히 설명해 전혀 집중력이 없는, 번뇌 망상에 시달리는 혼란 상태이다. 마음이 긴장되거나 들떠서 혼란 상태에 빠지면 아무것도 할 수 없다.

스님은 "마음을 불생불멸不生不滅"이라고 했다. 이어 "이불생불멸의 마음이 혼침과 산란에 묻혀버리면, 근본의 자기 본래 갖추고 있던 힘이 바깥으로 나가지 못하게 되고 결국 그것이 생로병사에 늙고 병들어 죽는 원인"이라고 했다.

건강한 사람은 건강하게 생각하고 사람과 사물을 볼 때 긍정하려고 든다. 반면, 매사에 부정적이고 수동적인 사람에게는 주변에 함께 즐기는 사람이 그리 많지 않다. 혹여 이런 사람이 주변에 있다면 함께 긍정적인 생각을 나눠보면 효과가 있을 것이다.

스님은 이렇게 풀이한다.

마음이 만든 시공간에 구속되어 벗어날 줄 모르네

"모든 생각을 다 집어 던져 버려라, 마지막까지 모두 놓았을 때, 그때 본래 면목이 드러난다고 했습니다. 본래 면목이 무엇이겠습니까? 종소리가 나면 종소리인 줄 알고, 찬 것이 오면 찬 줄 아는 것이 본래 면목이지 어디 멀리 있다가 돌아오는 것은 아닙니다. '아, 본래 알고 있다는 것을 모르고 쓸데없는 생각을 하고 있었구나.' 그렇지요?"

본래 마음은 없는 것이 아니라 있는데도 보지못하는 것이다. 스님의 말씀처럼 우리 마음도 이와 같다.

"눈을 보려고 애를 써보세요. 눈이 봐집니까? 애를 쓸수록 눈병만 걸릴 뿐입니다. 눈을 보지 못하는 줄 알면 그 사람은 눈을 아는 사람이라고 하듯이 마음은 알 수 없는 것입니다. 알 수 없는 줄 알면 그것이 바로 자기 마음을 깨달은 사람, 시즉견성是卽見性이라, 알 필요가 없는데 이 이상 어떻게 알려고 하느냐는 것입니다. 아시겠습니까?"

스님의 마음 닦는 법은 대중에게 잘 알려져 있다. 스님의 '수심결'에서 강조하는 마음공부는 곧 자신에 대한 공부이다.

네가 바로 부처님이라!

　범어사 가는 길은 장엄하고 숙연한 분위기였다. 신라 천년 고찰의 숨결이 고스란히 남아 있는 아름드리 울창한 숲이 속인들을 반긴다. 번뇌 망상을 떨치고 벌써 차분한 마음으로 돌아온 기자는 스님의 말씀에 빠져든다.

　"우리는 '공부를 한다'라고 합니다. 공부가 도대체 무엇입니까? 불법에서는 몸과 마음을 닦는 것이 공부입니다. 몸과 마음을 닦는다고 하는 것은 몸도 잘 써야 하고 마음도 잘 써야 합니다. 잘못된 몸이 있습니다. 몸이 병이 낫거나 몸에 지장이 있을 때입니다. 그렇다면 그 병의 원인이 어디에 있는지 생각해보고 원인을 바로 알았으면 원인을 제거하면 몸이 바로 될 것입니다."

마음이 만든 시공간에 구속되어 벗어날 줄 모르네

만병의 근원은 마음이다. 병은 곧 마음을 다스리지 못해 병이 나는 경우가 대부분이다. 스님의 말은 수심결에 나오는 한 대목이다.

"마음도 마찬가지입니다. 괴롭고 고통스럽고 답답하다고 하는 것은 무엇이 괴롭고 답답한 것입니까? 마음이 답답하다고 하는 것은 내가 하고자 하는 것이 잘되지 않고 원하는 것이 원대로 되지 않고 알고자 하는 것이 알아 지지 않을 때입니다. 물론 자기 스스로 곰곰이 생각해보아야 하겠지만 알고자 하는 것은 도대체 무엇입니까? 무엇을 알고자 하고 있습니까? 선문에 들어온 사람은 밖의 물체를 알려고 하는 것은 아닐 것입니다."

불법에서 진리를 구하는 것은 바로 몸과 마음을 바로하는 공부를 하는 것이다. 스님께서는 '도'가 무엇인지 어떤 존재인지 문도들에게 분명히 제시한다.

"불법의 진리가 무엇인가, 어떤 것이 도인가, 이것을 알고자 합니다. 자기 나름대로 이 책도 보고 저 책도 보고 남의 말도 들어보고 선지식의 법문도 들어봅니다. 그렇다면 도,

깨달음의 노래

진리는 도대체 어디에 있는가.

과거 조사 스님의 법문을 들어보면 마음 밖에 도가 없고 마음 밖에 진리가 없고 마음 밖에 불법이 없다고 합니다. 그것은 마음이 바로 도이고 진리이고 불법이라는 것입니다."

스님은 인간의 본 모습이 마음에서 우러나온다고 했다.

"눈으로 볼 수 없는 마음을 어떻게 찾아야 할까요? 마음이 도라고 했고 마음이 진리라고 하였고 마음이 불법이라고 했습니다. 그러면 마음을 모르는 사람 어디 있습니까? 마음이 도이고 진리라고 한다면 마음이라고 하는 것이 곧 자기 자신 아니겠습니까? 결국, 자기 자신이 곧 도이고 불법이고 진리입니다. 그렇다면 내가 무엇 때문에 진리며 도이며 불법을 찾는 것입니까?

그 구하는 목적이 무엇입니까? 세속 사람들은 명예랄지 권력이랄지 재물이라고 하는 것을 구하려 해서 구해지지 않으면 괴롭겠습니다만, 우리 출가인들은 그런 것은 필요가 없습니다."

191

선사를 찾아간 한 수행자가 도대체 "도가 어디에 있습니까" 하니 선사의 대답은 이랬다. "정말 내 말을 믿겠는가? 그대가 바로 부처님일세."

몸 매무새를 단정히 하고 정좌한 채 벽을 보면 벽이 보인다. 이는 마음을 비웠기에 마음속의 모든 생각을 탁 털어버렸기 때문이다. 그것은 바로 '무심無心'이다. 이를 일컬어 스님은 다른 말로 용심이라고 풀이했다.

"어떤 것이 무심이라고 하겠습니까? 마음속의 온갖 생각을 탁 털어버리면, 앞의 벽이 보이고, 창밖의 푸른 산이 보입니다. 그것이 무심입니다. 보이지 않는 이유는 복잡한 생각이 가리기 때문입니다. 그래서 생각을 탁 털어내어야 합니다. 우리는 잠깐 앉아 있어도 나도 모르게 깜박 졸음에 빠집니다. 나도 모르게 이 생각 저 생각에 빠지는 나쁜 버릇이 있습니다. 그래서 이렇게 하면 안 되겠다 해서 졸리면 졸리지 않도록 신경을 써야 할 것이고, 쓸데없는 생각이 일어나면 거기에 끌리지 않도록 노력해야 합니다. 이것을 '용심用心'이라고 합니다."

스님은 일체를 놓아두는 수행이 참된 수행이라고 했다.

192

화두든 염불이든 있는 그대로 듣고 보지 못하기 때문에 참 모습을 볼 수 없다. 지유 스님의 수행법은 여타 큰 스님들의 수행법과는 다른 듯했다. 통상적으로 스승은 제자에게 화두를 들고 치열하게 고민하고 고심하라고 한다. 스님은 그렇지 않았다. 화두이든 염불이든 일체를 놓으라고 했다. 그러나 다르지 않다. 다만 진리에 이르는 길만이 다를 뿐이다.

스님의 모든 것을 놓으라는 말의 의미는 무심하라는 말이다. 마음을 놓으면 진짜가 보이기 때문일 것이다.

생각이 눈을 가린다. 아무리 좋은 생각이나 금언이라도 진리의 눈을 가린다. '금짜라기가 아무리 좋아도 눈에 들어가면 눈병이 난다'는 말이 바로 이 말일 것이다. 스님은 "무엇을 구하는 마음, 머리 굴려 궁리하는 마음, 미워하는 마음, 집착하는 마음 등은 본 성품을 가리고 있는 덮개"라고 했다.

마음이 만든 시공간에 구속되어 벗어날 줄 모르네

수행이란 마음 다스리는 것

스님께서는 금강경에 나온 글귀를 소개하면서 마음이 작용하도록 하는 방법을 설명했다.

"이런 말이 있습니다. 자기 마음을 가지고 마음을 어떻게 찾습니까? 마음을 잊어버리면 됩니다. 마음을 잊어버린다고 해서 마음이 어디 갑니까? 쓸데없는 생각에 사로잡히지만 않으면 됩니다. 마음도 잊어버리는 것입니다. 몸도 잊어버리고 마음도 잊어버리면 신경 쓰이는 일이 없습니다. '일체 생각을 여읜 사람이 부처님'이라는 말씀이 금강경에도 있습니다.

아무 생각하지 않고 앉아 있어 보면, 특별히 생각하지 않아도 눈 뜨고 있으면 여기 여러 명이 있다는 것을 환하게

깨달음의 노래

알고 있지요? 촛불이 켜져 있는 것도 알고 있지요? 모르는 사람은 틀림없이 다른 생각을 하고 있거나, 졸고 있는 것입니다. 다른 생각하지 않고 졸지 않고 있으면 틀림없이 현실과 하나가 됩니다."

그래서 불가에서 자주 회자되는 글귀가 있다. 스님은 "불법은 특별한 것이 없다. 배고플 때 밥 먹으면 되고, 목마를 때 물 마시면 된다. 일할 때 일하면 되고 피곤하면 쉬었다가 하라"고 인용한다.

세속인들이 흔히 몸을 함부로 굴리거나 쓰면 탈이 나거나 병이 난다. 스님은 틈틈이 제자들에게 몸을 사용하는 법을 전수하곤 한다.

"몸도 적절하게 쓸 때 쓰고, 앉을 때 앉고 일할 때 일하되 너무 과도하면 병이 납니다. 섰을 때도 기본자세가 있어야 옆으로 기울어지지 않습니다. 앉을 때도 똑바로, 섰을 때도 똑바로 하고 일할 때 구부려야 할 때는 구부리되 피곤하다고 해서 그냥 잠들어버리면 몸이 굳어버립니다. 일단 굽어 있던 몸을 좌선할 때처럼 쫙 펴고 정자세로 이루고 난 이후에 잠들어도 좋다고 합니다."

마음이 만든 시공간에 구속되어 벗어날 줄 모르네

다시 말해 마음과 몸을 잘못 써서 탈이 나는 것은 바로 이치에 어긋나기 때문이다. 중고교 시절 도덕, 윤리 시간에 나오는 얘기가 아니다. 스님께서는 거듭 용심에 대해 말을 이었다.

"마음을 깨달은 사람이나 깨닫지 못한 사람이나 똑같이 차면 찬 줄 알고, 더우면 더운 줄 알면서도 무엇이 차이가 있는가, 용심이 틀립니다. 일할 때 일하면 되는 것이고, 쉴 때 쉬면 되는 것이고, 예불할 때 예불하면 되는 것이고, 손님이 오면 손님과 얘기하면 되는 것입니다. 특별한 용심이 따로 없습니다. 자연 그대로입니다."

스님은 조주선사의 말을 인용해 몸과 마음의 작용에 대해 설명을 덧붙여 나갔다.

"조주스님께서는 '뜰 앞의 잣나무'라고 했습니다. 너무 간단해서 여러분이 믿을지 어떨지 모르겠습니다. 이렇게 지속하게 되면 마음이 편안합니다. 몸도 나빴던 것이 몸도 편안해지고 마음도 답답했던 것이 마음도 편안해지고, 어제보다 오늘이 낫고 오늘보다 내일이 더 좋아집니다. 몸과

깨달음의 노래

마음이 밝아지는 것입니다. 몸은 마음의 그림자라고 했습니다. 마음이 답답하면 몸에 병이 나고, 마음이 상쾌하고 밝으면 몸은 마음의 그림자라고 했기 때문에 몸도 같이 좋아집니다. 그래서 몸과 마음이 둘이 아닙니다. 수행이라는 것은 용심 잘했다, 몸도 잘 썼다는 것이고 그렇게 되면 누가 봐도 부러울 정도로 단정한 몸으로 바뀔 것입니다."

지유 대종사가 새롭게 해석한 마음공부인 수심결은 일반 대중에 간단없이 회자된다. 수심결은 글자 그대로 '마음을 닦는 비결'이다.

마음이 만든 시공간에 구속되어 벗어날 줄 모르네

마음을 다스리는 비결

"존재하는 것은 생기고 없어진 것이 아니라 다만 변화하여 그 모양이 바뀌는 것 뿐이라는 인연소치因緣所致, 즉 불교의 연기법을 이해해야 합니다. 마음을 아는 것이 세수하다코 만지기보다 쉽다는 선사들의 말을 흘려듣지 말아야 할 것입니다."

마음은 누구나 알 수 있지만 세속인들은 그 사용법을 잘 모른다. 고려 때 보조국사가 후학들을 위해 지은 수심결은 정성스럽고 부드럽고 상세하다. 읽으면 읽을수록 그 맛을 느낄 수 있다. 마음이 도대체 무엇인지 알아야 한다는 점에서, 이처럼 옛 선사들은 수심결을 썼다. 마음을 알

깨달음의 노래

고 잘못한 점이 있으면 그것을 고쳐야 하고, 잘못한 점이 없으면 그대로 유지하면 된다. 마음이 잘못되면 불안하고 괴롭고 고통스럽다. 잘되면 불안함과 괴로움이 없어지고 시원하고 상쾌해져 생활 자체가 즐거워진다.

"몸과 마음은 둘이 아닙니다. 몸은 멋대로 움직이지 않습니다. 주인이 시키는 것이요. 몸이 움직이는 모습을 보면 주인이 이렇게 하고 있구나! 주인의 눈에 마음은 보이지 않지만, 마음이 움직이는 모습 그대로 몸으로 나타납니다, 육신은 마음의 그림자 이지요. 몸이 나쁘면 주인인 마음이 잘못됐다. 잠시 앉아 있겠지만 금세 이랬다 저랬다 이 마음은 잠시도 가만있질 않아요. 마음이 이렇게 저렇게 움직이다 보면 몸도 같이 따라서 변화가 일어나요. 자기의 마음을 모른다고 하지만 자기 마음을 모르는 사람은 한 사람도 없어요. 마음으로 깨달았다고 하는데 마음이라는 것은 도대체 무엇이겠는가. 마음을 보세요. 마음을 안쪽으로 두면 자기 자신을 가리키고 있어요. 괴로워하기도 슬퍼하기도 울기도 하는 것은 나 자신이 하고 있는 것이요."

생각이라고 하는 것은 있기는 있는데 실제 존재하진 않

199

마음이 만든 시공간에 구속되어 벗어날 줄 모르네

는다. 생각은 절대 자유다. 누구도 간섭하지 못한다. 그래서 생각을 잘하면 즐겁고 생각 잘못하면 괴로운 것이다. 스님은 세속인들에게 마음을 다스리는 법을 상세히 전해 준다.

"불교에서는 마음이 모든 물질을 만든다고 가르칩니다. 물질은 마음에서 나왔어요. 마음에서 물질이 나왔다고 하는 것은 개개인 각자가 생각을 하고 있다는 거요. 생각을 하고 있으면 생각에 따라 몸이 건강하기도 하고 병도 납니다. 몸은 마음의 그림자입니다. 때문에 마음이 움직이면 얼굴과 표정에 그대로 나타납니다. 마음이 편안하면 몸도 편안하고, 마음이 답답하면 몸도 괴로워요. 마음이 이상하게 답답하고 화가 나면, 몸에서 해로운 분비물도 나옵니다.

마음이 모든 시간과 공간을 만들어요. 마음이 만든 시간과 공간, 거기에서 우리는 구속되고 못 나오고, 벗어날 줄 몰라요."

스님이 걸어온 길

1931년 일본 오사카에서 출생

1948년 동산스님을 은사로 출가

1949년 동산스님을 계사로 사미계 수지

1950년 상월 대종사를 계사로 구족계 수지

1970년 봉암사 주지

1975년 범어사 주지

1991년 범어사 조실

2013년 금정총림 초대 방장 추대

그 소중한 하루를
부귀영화 얻는 데만
쏟아 부을 것인가?

혜암스님의 애제자로 출가하다

새벽 4시, 해인총림의 본사 해인사는 청량한 새소리로 산문을 연다. 새벽 예불에 나서는 방장스님을 시봉하는 스님들의 걸음걸이는 사뿐하면서도 분주하다. 해인사의 새벽 아침은 그렇게 밝아온다.

신라 802년 애장왕 때 만든 화엄십찰華嚴十刹의 하나로 건립된 해인사는 균여대사, 대각국사 의천 등 당대 인물을 탄생시킨 유서 깊은 법보종찰이다. 해인사 명칭의 기원은 '해인삼매海印三昧'에서 유래한다. 어리석음의 바람이 잦아들고 번뇌의 물결이 멈추면 지혜의 바다에 도장을 찍듯이, 우주의 참된 모습이 그대로 비치는 경지를 이른다는 의미를 지닌다.

함박눈이 내리던 지난 12월 중순 가야산 해안사를 찾

깨달음의 노래

앞다. 마치 산사의 겨울을 자랑하듯이 산문 전체가 함박눈을 뒤집어썼다. 별천지가 바로 여기인가. 기자는 산문의 대중과 더불어 자리를 잡고 스님의 설법에 몰입한다. 찬 기운이 온몸을 휘감았지만, 은은한 산사의 향기와 더불어 온화한 기운이 법당을 감돌았다. 해인사에 오면 꼭 이런 기분이 들곤한다. 저 세상에선 맛볼 수 없는 다른 세계의 기운이다.

방장스님 벽산원각 대종사의 가르침은 산사의 일상에서 진리를 찾는다. 고요하면서도 경건하다. 수면의 고요함처럼 구도의 울림은 저멀리 펼쳐진다. 마치 수면 위에 물방울이 떨어져 퍼져나가듯 수많은 원을 그리면서 장엄하게 메아리친다.

스님은 자애로운 스승으로 추앙받는 해인총림 본사의 어른이다. 문중의 제자들은 스님을 일컬어 어머니의 표상을 보는 것 같다고 했다. 스님은 엄하면서도 온후한 해인사의 모습을 닮았다.

스님의 수행 경험은 청년기에 겪는 흔한 사례가 아니었다. 순진무구한 한 청년의 고민이 불가의 향기로 피어나는 동화 한 토막 같다.

"세상에서는 청년들에게 '착한 일을 해라' 그렇게 가르 칩니다. 고교를 졸업하고 시험 공부를 위해 해인사의 한 암 자에 와 있을 때였어요. 늘상 착한 일을 해야 한다는 강박 관념이 있었던 것 같아요. 내가 만약 대학시험에 합격하면 다른 사람이 떨어지게 되니 이것도 잘못하는 일이 아닌가 하고 말이지."

범인으로선 생각할 수 없는 순진한 갈등이었다. 청년 시 절의 스님은 그렇듯 백짓장 같은 맑은 심성을 지녔다. 그러 던 어느 날 청년 원각은 노승의 법문을 듣게 되었다.

'선도 악도 버리고 본래의 자리로 돌아가야 한다. 착하 게 살아야 한다는 그 생각도 쉬어야 참말로 살길이 나온 다.'

'아! 다른 세계가 있구나.'

착하게 사는 것만 궁극적이라 여겼는데 그것 자체가 강 박관념이었음을 스님은 깨달았다. 노승은 청년 원각에게 다섯 권의 책을 쥐어주었다.

《육조단경》《금강경》《반야심경강의》《법구경》《보조법 어》였다. 청년은 대학시험 공부를 걷어치우고 경전만 탐독 했다. 스님은 회고했다.

깨달음의 노래 🌸

"육조단경을 읽는데 계합이 되어 마치 내 경지 같았지."

청년 시절 스님은 그렇게 지혜의 희열을 느끼면서도 출가를 결심하지 못하고 있었다. 스스로 소심해서 그런 게 아니겠느냐며 출가 당시를 회고한다.

"책을 건넸던 그 스님이 성큼 다가앉아 형형한 눈빛을 발하면서 출가를 권유한 순간은 지금도 눈에 선합니다. 당시 기분이 날아갈 것처럼..."

지금부터 50여 년 전인 1966년의 일이다. 아마도 청년과 그 노승은 필시 전생에 인연이 있었던 듯하다. 스님은 혜암慧菴(1920~2001, 조계종 10대 종정) 대종사를 은사로 모시고, 구도의 길을 찾을 수 있었다. 혜암은 계행이 청정하고 대쪽 같은 성품의 소유자로 불가에서도 그 존명은 쩌렁쩌렁 울린다. 스님이 행자생활을 시작한 곳은 가야산 중봉암이다.

"삼 칸 집의 작은 암자에서 은사 스님과 단둘이 생활했어요. 스님은 아랫목에 나는 윗목에 앉아서 참선을 했으니

그 소중한 하루를 부귀영화 얻는 데만 쏟아 부을 것인가?

복된 출발이었어요. 참선하는 사이사이 스님께서 법문을 주셨어요. 당시는 때로 지루할 때도 있었으나 지내놓고 생각해보니 공부에 대해 안 가르쳐 주신 게 없었으니..."

죽비를 딱딱 치고 난 뒤 "법문한다" 하시곤 말씀을 시작하면 밥 지을 때까지 계속되었다.

"스님 저 밥 지으러 가야 합니다"하고 일어날 때까지 공부는 이어졌다. 당시 막 총림의 산문을 열었던 종찰 해인사에도 전기가 없어 석유 호롱불로 어둠을 밝히던 시절이었다. 사정이 그러하니 산중 암자는 말할 것도 없었다.

죽비로 훈도하는 스승 혜암이 청년 원각에게 던지는 법어 가운데 늘 새롭게 다가오는 구절 한 대목이다.

"무엇이든 때가 있다. 시기를 놓치면 안 된다."

"언제든 이치에 맞게 일을 해라"

"국그릇을 들어서 입에 가져다 먹으면 안 된다, 후루룩 소리를 내어서도 안 된다, 밥도 입에 쏙 넣어서 소리 나지 않게 씹어라."

혜암 큰 스님은 늘상 그렇게 세심하게 주의를 주었다.

연장도 다 쓰고 나면 깨끗이 씻어서 제자리에 놓았다가 찾으시면 곧바로 가져가야지 우물쭈물 찾아다니면 불호령이 떨어졌다.

"큰 스님께서는 여름 국화가 막 올라올 무렵 위를 잘라내 간장, 식초, 고춧가루를 조금 넣고 생절이를 해드리면 잘 드셨어요."

스님은 스승께서 늘 자연식을 즐겨하시는 것을 알고 정성스레 시봉했다.

원각스님은 스승 혜암을 닮은 듯 계행이 깔끔하다. 스승의 성품을 따라 배울 때 하나부터 열까지 철저히 배웠다. 칼날처럼 정확하게 반듯하게 정리 정돈하시던 원각스님을 제자들은 따라갈 수 없다. 일을 많이 하시고 깔끔하신 성품 탓에 큰 스님이 주석한 도량은 언제나 훤했다.

"행자 때 스승님께 초발심자경문을 배웠어요. 강원에 가지 말고 참선 공부하라고 하셨던 스님에게서 유일하게 배운 경전입니다. 스님 앞에서 내 식대로 초발심자경문을 새기면, '네가 깊이 새기는구나, 오래 공부한 수좌보다 낫다'

그 소중한 하루를 부귀영화 얻는 데만 쏟아 부을 것인가?

고 칭찬하셨어요. 잘못하면 불호령을 내리고 잘하는 일엔 칭찬하셨던 따뜻한 분이었지요."

혜암의 성품이 온화한 일면은 스님의 군복무 시절에서도 드러났다. 스님의 회고담이다.

"군에 복무할 때였어요. (스승께서)필요할 때 쓰라고 용돈을 부쳐주셨는데, 쌀 두 가마니쯤 되는 큰 돈이었어요. 비닐에 꼭꼭 싸서 군대 담장에 끼워두고 두고두고 썼지요. 공부에 대한 것을 편지로 써서 올리면 꼭 답장을 주셨어요. 그 정성스레 써서 보내주었던 편지를 잘 모아둘 걸 큰 스님이 아니 계신 지금 후회됩니다."

깨달음의 노래

'공부하다 죽어라'는 스승의 엄혹한 경책

스님은 혜암의 가르침대로 평생을 수행으로 일관해왔다. 입적한 스승에 대한 그리움은 세월이 갈수록 더하기만 하다.

"큰스님께서 말씀하셨지요. 공부란 참선입니다. '죽어라'는 간절한 마음으로 최선을 다하라는 것이요. 사막에서 물을 찾는 간절함으로 임해야 증득할 수 있다는 것이지요."

깨달음의 근원이라는 법명 원각源覺은 스승 혜암으로부터 전수받은게 아니다. 사미계를 받기 전 혜암스님이 "네가 한번 지어봐라" 했다 한다. '근원을 깨닫겠다'는 생각에 '원각'이라면 어떠냐 했더니 스승께서 그리하라 했다

그 소중한 하루를 부귀영화 얻는 데만 쏟아 부을 것인가?

해서 법명을 원각으로 했다. 법호 벽산碧山은 혜암스님이 직접 내렸다. 40여 년이 지난 지금, '푸른 산의 근원' 벽산 원각은 스승의 인도에 따라 구도의 길을 묵묵히 갔다.

세속의 중생에게는 사회적 지위가 없으면 살기가 막막하다. 이름과 직위가 없으면 중생은 어디로 향해 나갈지 모른다. 이를 두고 스님은 극단으로 치우친 '단견'이라 했다. 스님은 이렇게 설하였다.

"하늘에 구름이 걷히면 해가 그대로 드러나고, 해가 완전히 드러나 있으면 구름이 완전히 걷힌 것이요. 결국 구름이 걷혔다는 건 해가 드러났음을 의미하고, 해가 드러났다는 건 구름이 걷혔다는 말이요. 결국 중도를 말합니다. '중'이란 진공묘유이고, 진여법성이며, 자성청정심입니다. 연기를 통해 중도를 확연히 알면 걸림 없는 삶을 살 수 있다는 것이요. 쉽게 풀어쓰면 자신의 성품을 바로 깨달으면 이름이나 직위에 휘둘리지 않고 인간 본연의 모습으로 삶을 영위할 수 있습니다."

스님은 옛 고사를 한 토막 전하면서 중도의 의미를 좀 더 쉽게 풀이했다.

깨달음의 노래

"후진의 2대 왕인 요흥은 당대 선승으로 추앙받는 승조 스님을 등용해 재상을 삼고자 그에게 '환속하라' 명했지 만 승조스님은 거절했어요. 스님은 '세상의 부귀영화는 허 망한 것'이라고 하면서 말입니다. 화가 난 왕은 승조스님을 옥에 가뒀다가 참수형에 처했어요. 명예와 권력은 물론 죽 음마저도 초탈한 스님의 기개가 멋지지 않나요? 확철하게 깨달은 사람만이 누릴 수 있는 대자유이지요."

대자유와 함께 스님은 또 하나 지혜를 내어놓았다.
'지혜는 어떻게 해서 얻어지는가'라는 주제였다. 스님은 "지혜란 중도 연기를 분명히 알게 되면서 동시에 발현된 다. 지혜를 통해 '죽음의 길'로 가려는 자신과 타인을 구 할 수 있는 마음"이라면서 "이를 세상에 전해야 한다"고 강조한다. 지혜란 나 홀로 지니는 게 아니라 세상을 이롭 게 하는데 써야 한다는 의미일 것이다. 스님은 팔만대장경 장경각의 글귀 한 대목을 전한다.

"팔만대장경이 있는 장경각에 이런 문구가 있지요. '깨 달음의 도량이 어디인가. 지금 나고 죽는 이 세상이 바로 거기로다圓覺道場何處 現今生死卽'. 마음을 깨달으면 지금 우리

그 소중한 하루를 부귀영화 얻는 데만 쏟아 부을 것인가?

가 사는 세상이 바로 극락입니다."

코로나로 힘든 시절을 사는 사부대중에게 마음의 공부
가 필요하다는 점이다. 스님의 말씀은 점점 열띠게 이어졌
다.

"하루살이는 수명이 하루 밖에 되지 않습니다. 더 짧은
생을 살다가는 벌레도 있습니다. 초명입니다. 소가 눈을 한
번 감았다 뜨는 사이에 일생을 마친다고 합니다. 초명은 자
신의 인생 몇 번을 살아야 하루살이 생만큼 살아보게 될까
요? 하루살이는 자신의 인생 몇 번을 살아야 한 사람의 인
생만큼 살아보는 것일까요? 소중한 찰나요, 소중한 하루입
니다."

'공부도 때가 있다'는 혜암의 가르침처럼 스님은 이 시
공간에 머무는 동안 찰나도 허투루 쓰지 말라고 당부한
다. 그 어떤 생명이든 존재하는 순간 찰나 변화의 연속에
따라 생을 마감해 간다는 사실이다. 이를 잊지 말아야 한
다면서 스님은 반문했다.

깨달음의 노래 🐚

"당신, 그 소중한 하루를 부귀영화 얻는 데만 쏟아부을 것인가?"

가야산 산바람이 원당암 경내를 휘익 휘돌아친다. 스님의 가르침이 경내를 휘감아 돌면서 메아리가 되어 속세에 퍼져나간다.

근원을 찾아 떠나는 인생

스님은 불법을 제대로 깨우치고자 사력을 다했던 행자 시절을 떠올리곤 한다.

"나의 행자 시절은 근원을 찾아서 떠나는 인생 전환의 출발선이었지. '참선 공부를 제대로 해서 이 공부를 깨우쳐라. 대중 처소에서 살아라' 하시면서 꼿꼿하고 철저하셨던 스승 혜암과 단둘이 밤이면 별이 쏟아져 내리던 중봉암에서 여덟 달 동안 행자생활을 했지..."

스님은 그렇게 참선과 산사 생활을 반듯하게 훈련받고 계를 수지했다. 이후 50여 년 수행의 길을 가고 있다. 1947년 경남 하동에서 나신 스님은 1968년 혜암을 은사로 구족계 수계 이후 해인총림, 영축총림, 조계총림 선원과 범어사, 상원사 등 제방선원에서 정진했다. 한 수행자가 스님께 질문을 올렸다.

"근원을 밝히셨나요, 근원이 무엇인가요?"

스님의 답은 이랬다.

"근원을 '마음의 부처'니 하면서 이름하지만 말이나 글로 표현할 수 없는 거요. 그걸 깨달아야 합니다. 거기에서 생활해야 활발하고 자유스러워요. 우린 항상 박아무개, 김아무개 하는 이름 아래서 생활합니다. 그러므로 좋고 나쁘고 옳고 그르고 하는 분별을 일삼지요. 본래 선도 악도 붙을 수 없는 근본 성품 그 자리에서 생활해야 걸림 없이 활발하고 자유스러운 거요. 그래야 너와 내가 둘이 아니고 우주와 내가 둘이 아니요, 모든 것이 다 통하는 거요."

근원에 대한 스님의 해석은 이어졌다.

"근본을 깨치면 종일 밥을 먹어도 먹은 바가 없고, 가도

그 소중한 하루를 부귀영화 얻는 데만 쏟아 부을 것인가?

간 바가 없고, 들어도 들은 바가 없다. 상대에서 벗어난 생활을 해야 경계에 미혹되지 않는다"

스님의 잔잔하면서도 칼칼한 음성이 듣는 이의 가슴을 뒤흔든다. 법어처럼 들리는 답변이 이어졌다.

"내외가 명철하고 확연해버리면 조금도 흔들림이 없어요. 그럴 때 설사 칼로 목을 치더라도 두려울 게 없어요. 인생 문제를 근본적으로 해결할 수 있는 것은 어떠한 고매한 철학이나 이념, 사상이 아니지요. 쉬어서 본바탕을 깨달아야 그것이 해결점이고 출발점이 되는 것이요. 너와 나, 절대자 신과 그를 믿는 사람이 있는 주종관계에선 해결되지 않아요."

어머니 같은 자상한 훈도로 명망을 얻다

　스님의 자상함은 해인 문중에 널리 알려져 있다. 문하의 상좌 스님은 물론이고 사부대중 가운데 흠모하는 제자들이 많다. 엄동설한 서릿발 같은 훈도를 중시하는 옛날 호랑이 스승들과는 사뭇 다른 풍모를 지녔다. 그런가 하면 매일 두 번 두 시간여 동안 사부대중을 만나 대담한다. 대중이 스님 앞에 좌복하면 시골 촌로 앞처럼 소박하고 편안해진다.

　스님의 성품은 스승의 카랑카랑한 성품과는 대조적이다. 혜암이 열반하자 문하의 제자들이 모여 회의를 했다. 후계자를 어떻게 할 것이냐에 관한 것이었다. 당연히 원각 스님으로 뜻이 모아졌다고 한다.

　애초 혜암의 뜻도 그랬다고 수좌 스님들은 입을 모은다.

그 소중한 하루를 부귀영화 얻는 데만 쏟아 부을 것인가?

그리하여 문중의 제자들은 혜암의 의중을 받들어 원각스님을 혜암의 후계자로 추대하기로 했다. 성품이나 수행 기법이 상반되는 후대를 후계자로 정한다는 것은 불가에서 흔치 않은 사례다. 하지만 원각스님의 경우엔 문제가 안 되었다. 혜암은 그렇게 원각을 마음속에 두면서 사랑하고 가르쳤다.

스님은 요즘처럼 세상이 시끄러울 때 일체 소리가 없다. 일반 불자에게는 원각의 존재는 그리 알려져 있지 않다. 스스로를 강하게 내세우지 않고 주변에선 의식할 수 없을 정도로 바람 같은 행보를 보이기 때문이다.

사부대중은 물론이요 문하의 제자들도 스님이 어디 계시는지 잘 모를 때가 있다. 조용하게 자신을 낮추는 몸가짐은 오히려 문도들의 신뢰를 두텁게 한다.

원당암 감원 시절에도 스님은 자신의 성품대로 강원을 이끌지 않았다. 아마도 스님 스스로 과거 모셨던 큰 스님들의 호랑이식 훈도에 대해 생각하는 바가 달랐을 것으로 짐작된다.

산사에서는 통상 아궁이에 나뭇가지를 태워 밥을 짓곤 했다. 조금이라도 주의를 기울이지 않으면 밥물이 넘쳐나는지라 아궁이 곁에 앉아 지켜보아야 했다. 하지만 젊은

깨달음의 노래

스님들에게 그런 것을 기대하기란 어렵다. 행여 밥물이 넘칠 경우에는 날벼락이 떨어진다. 문풍지를 발라도 똑바로 발라야 한다. 한쪽이라도 삐딱하면 호랑이 스님의 소리가 산문을 울린다. 산문이 쩌렁쩌렁 울릴 정도로 야단 맞곤 하는게 일상이었다. 흔한 일로 강원이나 선원에선 말다툼이나 언쟁이 늘상 있기 마련이다. 하지만, 원각스님은 스승에게 말대꾸하는 법이 없었다.

'스스로 싫으면 절간을 떠나면 그만'이라는 세속적 말도 있다. 하지만 스님은 그렇지 않았다. 스님은 예전 선승들이 행하던 호랑이식 훈도를 후학들에게 전하지 않았다. 스스로 예를 들어 차분히 설명하는 스님의 훈도에 오히려 후학들의 마음이 동하곤 했다.

스님은 평생 요령을 피울 줄 모르고 살았다. 스님의 천성이기도 했지만 스스로 행한 선택이기도 했다.

한때 스승 혜암의 명을 받아 고견사 주지를 맡게 되었다. 고찰이지만 시골 절인 고견사에서 스님은 주지라기보다는 일꾼이었다. 일은 많고 사람은 없으니 직접 지게질을 해야 했고, 측간 똥을 퍼 밭에 주는 일도 했다. 소박한 성품 때문인지 허드렛일 정서와 잘 맞았다.

그 소중한 하루를 부귀영화 얻는 데만 쏟아 부을 것인가?

"수좌생활 20년 만에 과연 주지를 할 수 있을까 싶었다는데, 막상 몸으로 부딪치는 일을 하다 보니 또 다른 세계를 경험하는 거요."

스승 혜암은 그렇게 해서 제자를 단련하고 수행의 길로 이끌었다. 사찰 주지가 직접 측간 똥을 퍼서 농사를 짓고 가을걷이를 하는 생활 속에서 도를 닦는 수행이었다.

촌로 앞에 몰려든 구름 같은 사부대중

스님이 심혈을 기울이는 분야는 선방이다. 여름 안거나 겨울 안거에 들어가면 스님은 하루 2시간씩 아침저녁으로 불자들과 함께 정진에 들어간다. 매년 안거 신청자는 100명을 웃돈다니 스님의 명망이 널리 퍼진 결과였다.

해인사의 종무소에서는 "그 수가 점점 늘고 있어요. 1년에 두 번 하는 철야 용맹 정진 기도에는 400명에서 500명이 몰려 선착순으로 잘라야 합니다"고 전한다.

요즘 들어 특히 젊은 불자들이 산중 암자를 찾는다. 그만큼 불교에 대한 대중의 관심이 늘고있다는 반증이다. 산중에서 만난 한 스님의 전언이다.

"여기는 그냥 관심 있는 것과는 달라요. 정진하는 것을

그 소중한 하루를 부귀영화 얻는 데만 쏟아 부을 것인가?

지켜보고 있으면 8시간 정도 꼼짝 않고 앉아 있는 이도 있어요. 사실 그냥 참아가지고는 힘들고 어느 정도 수행의 맛을 알아야 할 수 있어요. 스님들도 사실 그러기 쉽지 않거든요."

스님의 풍모를 보면 흡사 시골 촌로가 사랑방에 앉아 손님을 맞이하는 듯한 자애로운 모습이다. 통상 대덕의 스님들은 법어를 내릴 때면 으레 주장자를 '쿵' 내리친다. 하지만 스님은 그렇게 하지 않았다. 고요하다. 살며시 들어 천천히 낮은 소리로 세 번 친다. 그리고 나지막하지만 진중한 어조와 정확한 발음으로 운을 뗀다.

"시간을 죽이고 세월을 허비할 뿐 고불당 앞의 참 소식은 전혀 알지 못하는 구나. 밤낮으로 도를 닦아서 좋은 시절 헛되이 보내지 말지어다. 불조덕광佛照德光 선사가 백양법순白楊法順 선사께 물었습니다.

진불眞佛 즉 참 부처는 어디에 있습니까?

'정해지지 않는 곳에 있다.'

'이미 참 부처인데 어찌하여 정해진 곳이 없다는 것입니까?'

깨달음의 노래

'정해진 곳이 있다면 그것은 참 부처가 아니다.'

이 말씀에 불조스님은 크게 깨쳤습니다.

진불은 고불입니다. 고불古佛은 본래 부처를 말합니다.

결제라는 것은 결국 본래 부처 자리인 고불당古佛堂을 찾아가는 일인 것입니다. 법안문익法眼文益 선사에게 어떤 학인이 물었습니다.

'고불당전십마인선도니까?' 古佛堂前什麼人先到

'고불당 앞에는 어떤 사람이 먼저 도달합니까?'

'부동보자不動步者 니라. 발걸음을 움직이지 아니한 자이니라.'

용담종효龍潭從曉 선사에게 어떤 학인이 물었습니다.

'고불당 앞에는 어떤 사람이 먼저 도착합니까?'

'퇴사자退些子, 즉 조금 물러나 있거라.'

대혜종고 선사는 '공부인들이 속효速效 만을 구하지만, 그 속효라는 것이 그릇된 것인 줄 모른다'고 탄식했습니다.

속효심은 치구심 馳求心입니다. 빨리 도를 이루어야겠다는 급한 마음으로 서두르기만 한다면 오히려 병을 일으켜 공부에 장애를 가져옵니다. 그래서 용담종효 선사는 '조금 물러나거라'고 하신 것입니다."

그 소중한 하루를 부귀영화 얻는 데만 쏟아 부을 것인가?

이 말은 참선 공부에서 완급 조절을 잘하라는 당부라고 하겠다. 무언가를 이루겠다고 혈기에 차서 화두 참선에 들다보면 몸이 상하기 십상이다. 스님의 말씀이 이어졌다.

"차암수정 此菴守淨 선사에게 어떤 학인이 물었습니다.
'고불당 앞에 어떤 사람이 먼저 도달합니까?'
'무안촌옹 無眼村翁 즉. 눈 없는 촌 노인이니라.'
촌로 처럼 일체 바깥경계에 절대로 끄달리지 않고 오로지 애써 정진해서 한 철을 보낼 수 있다면 해제 때 결코 얻는 바가 적지 않을 것이란 것이지요."

자연을 과학으로 다스린다는
미혹에서 벗어나야

인간을 괴롭히고 있는 코로나 바이러스에 대한 스님의
진단이다.

"코로나19 확산이 우리에게 교훈을 주는 것은 '다 같이
업을 지어서 그 결과를 받는 것'입니다. 자연을 파괴하고,
살생을 하고 그것을 먹고 했던 것의 과보를 받는 것입니다.
이번 기회에 우리가 함께 반성하고 성찰해야 합니다."

코로나라는 듣도보도 못한 재앙의 화근은 결국 자연을
파괴하고 살생한 인간의 업보임을 스님은 거듭 깨우친다.
그런데도 사부대중은 과학의 힘으로 코로나 바이러스를
제압하려 한다. 하지만, 이런 식의 제압으로 코로나 사태

를 극복할 수 있을까. 아니다. 화근의 뿌리를 더 깊게한다. 왜 그럴까. 인간은 지금도 자연을 다스리려하기 때문이다.

과학의 힘으로 자연을 다스릴 수 있다는 미혹에서 벗어나야 한다. 종교의 역할은 바로 이런 데서 찾아야한다. 반드시 교회에 가야 하나님을 찾고 사찰에 가야만 '법'을 구하고, 득도할 수 있을까.

스님은 이렇게 풀이한다.

"하늘 땅은 나와 그 뿌리가 같고, 온갖 만물은 나와 한 몸'이라고 하신 부처님의 뜻이 그럴진데, 이번 코로나 사태는 우리에게 그걸 가르치는 것이지요."

인간과 자연은 그 뿌리가 같다는 그 하나만이라도 제대로 깨우쳐야하는 데도 중생은 미혹에서 벗어나지 못하고 있다.

"부처님은 태자로서 왕궁에서 태어나 영화를 누릴 수 있었는데 생로병사의 고통을 보고 출가를 했습니다. 난행과 고행을 해서 진리를 깨닫고 보니, 중생의 본성이나 부처님의 본성이나 차이가 없었지요. 그때부터 법을 펼치셨습니다. 본성은 부처나 중생이나 같습니다. 지구촌 사람들이 미혹에서 벗어나 근본을 회복해야합니다."

스님의 말씀대로 코로나 사태에서 하루라도 빨리 벗어나려면 자연을 벗삼아 인간과 자연은 한 뿌리임을 자각하고 과학으로 정복할 수 있다는 미혹에서 벗어나야 할 것이다. 아울러, 부처나 중생이나 본성에서 차이가 없다는 근본을 찾아야할 것이다.

근본을 찾아야 한다는 스님의 말씀은 이른바 AI 인공지능 시대에도 그대로 적용될 것이다. 조만간 인공지능이 인간의 단순한 작업이나 업무를 대행할 것이다. 심지어 머지않은 시기에 자동차도 인공지능이 운전하는 자율주행 시대에 접어들 것이다.

스님의 근본을 찾자는 법어는 인공지능 시대에 분명 빛을 발할 것이다. 지금 과학기술 시대는 분명 근본이나 인간에 대한 탐구는 부차적인 이슈에 머물고 있다. 사람들은 보다 돈을 더 많이 벌어 쓰고 즐기는데 의미를 두고 있다. 스님의 언급은 이런 '인공지능 시대'에 대한 경책이다.

"시대가 발달할수록 근본이 더 필요합니다. 불교의 교리

그 소중한 하루를 부귀영화 얻는 데만 쏟아 부을 것인가?

가 더 절실해집니다. 부처님의 말씀이 지금 시대에 더 맞습니다. 현상계는 끊임없이 변화하고 발전합니다.

하지만 본래의 마음 바탕, 즉 진리의 당처는 시간과 공간을 초월해 있습니다. 상황이 달라진다고 바탕이 달라지지는 않습니다. 그게 인공지능이든 뭐든. 근본에서 출발하면 안심이 되고 서로 편해집니다."

이 대목에서 기자는 스님께 마음공부의 방법을 여쭈었다. 어떤 방법으로 마음공부를 해야 할까. 마음공부의 길은 결국 종교에서 찾아야한다는 것을 사람들은 깨닫고 있다.

그런데 지금 현대인이 추구하는 종교의 길은 무엇인가. 구법의 길, 또는 해탈의 길은 어렵다고 외면한다. 사람들은 지옥 같은 세상이니 지옥에서 나를 구원해달라고 기도하지만, 벗어나지 못하고 있다. 스님은 현대 종교의 문제점을 짚었다.

"내 본래 마음의 바탕을 찾고, 그 자리에서 자기 본분을 다해야 합니다. 뭐해 달라고 하면 안 됩니다. 불이 났으면 불을 꺼야지 기도만 한다고 되는 것도 아닙니다. 그게 지혜입니다. 내 노력이 우선이고 그다음 정성을 들여야 합니다."

인간 삶의 종착점은 죽음이다. 인생의 근본적인 질문인 죽음은 뭘까. 죽음이란 인간 삶의 자연스런 현상인데도 사람들은 슬퍼하고 안타깝게 생각한다.

"삶이란 구름이 일어남이요 죽음은 한 조각 구름이 스러짐이라. 구름은 본래 실체가 없는 것이니, 죽고 살고 오고 가는 것이 모두 그와 같으니라. 구름이 일어나고 꺼져도 하늘 바탕은 그대로 입니다.

나고 죽는 것은 현상계의 일일 뿐 근본이 달라지는 것은 아닙니다. 우리가 근본을 등지고 중생의 업으로만 사니까 자꾸 세상이 복잡해집니다. 본성의 바탕에서 출발해야 우리 마음이 안심이 되는 것입니다."

통상 사찰 일주문에 들어서면 마주치는 것이 있다. '입차문내막존지해入此門內莫存知解'이 문 안으로 들어서면 세속의 앎으로 이해하려 하지 말라. 다시 말해 '텅 빈 마음으로 들어와 부처의 가르침을 가슴에 가득 담으라'는 의미다.

그 소중한 하루를 부귀영화 얻는 데만 쏟아 부을 것인가?

부처님 말씀대로 신심있게
실천하는 지가 중요

간혹 일부 사찰에서 불화 내지 스캔들이 불거지곤 한다. 불교를 비판하는 목소리가 이곳저곳에서 들린다. 그때마다 불자들의 마음은 바윗덩이에 짓눌리듯 무겁게 내려앉곤 한다. 스님은 조용하면서도 나직하게 경책한다.

"보편적으로 각자가 신심 있게 살고 있는지 그것을 반성해야 합니다. 부처님 말씀대로 신심 있게 실천하는지가 중요합니다. 수행을 제대로 하는지, 소임을 맡으면 공심公心으로 사는지. 수시로 점검하고 스스로 각자 반성해야 합니다. 세상에 도움을 줘야지 부담을 주면 안 되지요."

스님의 말씀은 평이하면서도 기본을 벗어나지 않는다.

부처님의 가르침을 벗어나는 일체의 행동 결과는 갈등과 반목으로 나타난다. 해인총림 문중에서도 스님은 화합의 중매자로 이름이 높다. 스님의 방법은 간단하다. 바로 '나를 내려놓자'이다. 2015년 3월 해인총림 산중총회에서 방장에 추대된 것도 화합과 갈등의 해결자로 인정받은 결과였다.

"서로 어떤 일이 있으면 부처님 법을 믿고 해결을 해야합니다. 부처님이 중도를 말씀하셨습니다. 중도는 이것저것 중간으로 적당히 하는 것이 아니고, 이것도 내려놓고 저것도 내려놓고 본래의 마음 바탕에서 해결해야 합니다. 나의이해관계 욕심에만 맞추다보면 갈등과 시비가 생깁니다. 중도로서 상대방 안이 좋으면 상대방 안을, 내 안이 좋으면내 안을 수용해서 처리하면 문제될 것이 없고, 상생이 되는것입니다."

속세에서 얻은 지식을 다 비워야 큰 깨달음에 이를 수있다.

스님이 걸어온 길

1947년 경남 하동 출생

1962년 해인사 약수암에서 혜암스님을 은사로 출가

1967년 자운스님을 계사로 사미계 수지

1968년 혜암스님을 계사로 구족계 수지

1995년 거창 고견사 주지

1997년 해인사 원당암 감원

2002년 해인총림 달마선원 선원장

2004년 해인총림 유나

2015년 해인총림 해인사 제9대 방장 추대

종이 아니라
주인 되는 길이 수행이다

코로나는 '제행무상'이니 걱정 말라

조계총림 송광사 제7대 방장 현봉玄峰스님을 뵈러 가는 길이었다. 송광사는 무릉도원이 부럽지않을 정도로 풍광이 아름답다. 용맹정진의 분위기가 온 몸에 엄습한다. 길목에 들어서니 서릿발 같은 결기와 경건함으로 숙연해진다. 굳이 법정스님을 떠올리지 않더라도 무소유를 스스로 깨닫게 해주는 전통도량의 분위기는 가히 압권이다.

숲과 숲을 이어주는 송광사의 저 작은 오솔길은 무소유의 길이다. 혼자서 조용히 발 밑을 살피며 오라는 폭 좁은 길이다. '자신부터 성찰해야 한다'는 뼈저린 수행도량으로 유명한 사찰이기에 바람에 부대끼는 대나무 소리도 청량하다.

송광사 선방에서 만나 뵌 현봉스님의 인상은 이웃 아저

깨달음의 노래

씨처럼 친근하다. 젊잖고 멋진 동네 옆집 어른을 떠올릴 만 하다. 스님은 주로 삼일암에서 주석한다.(스님께서는 송광사·해인사·백련사·통도사 등 선원에 주석했다) 삼일암은 송광사가 배출한 16국사 중 제9대 담당湛堂국사(고려 원지배 시절 금나라 왕자로 알려져 있다)가 이 곳의 물을 마시고 사흘 만에 오도했다 해서 부쳐진 이름이다. 정혜결사의 현장이자 승보종찰로 권위를 인정받는 송광사는 기도 도량으로는 전국에서 으뜸이다. 그런만큼 이른바 수행 계율로 따지면 국내 으뜸 사찰이 송광사. 흔히 계율이란 엄하고 찬바람 같은 느낌을 주기 십상이다.

그러나 스님의 해석은 달랐다. 스님은 부처님의 계율을 리듬으로 풀이한다. 계율이란 뭘 하지 말라는 게 아니라는 것이다.

"율은 금지의 개념이 아니라 '공동생활의 하모니'이며 공감과 공명을 의미합니다."

스님은 사부대중이 코로나19 사태를 걱정하는 것을 보고선 "제행무상諸行無常이니 걱정 말라"고 했다. 스님께서는 종교 담당 기자들에게 친절하다. 도를 닦듯이 글을 쓰라고 항상 권면하곤 했다.

　스님을 친견한 기자는 먼저 석가세존이 열반에 들면서 인류에게 남긴 한 대목을 청했다. 스님은 부처님을 늙은 수행자에 비유하면서 인간 석가를 떠올린다.

　"수구초심首丘初心이란 말이 있지요. 부처님의 마지막 모습을 보면 그렇습니다. 부처님은 열반하실 때가 가까워오자 고향 쪽으로 발길을 옮기셨어요. 지평선에 저 멀리 펼쳐진 들판에 한 고행의 수행자가 걸어가는 모습에서 신이 아닌 인간 석가를 발견합니다.

　지평선만이 멀찍이 보이는 들판을 한 늙은 수행자가 석양 빛에 지척지척 지팡이를 짚고 걸어가시는 모습에서 우리는 인간 석가를 발견합니다. 지나치게 신격화되기 전의 부처님의 참모습이지요. 부처님은 가르치셨습니다. 모든 것은 다 무상한 것이며 생겨난 모든 것은 다 사라져간다는 것을요. 부처님도 그런 큰 틀에서 벗어나지 않으셨습니다. 진리가 그러하니까. 부처님은 외형적인 육신은 사라져도 법신法身은 불생불멸이기에 슬퍼하지 말라고 제자들을 위로합니다. 오로지 계戒를 철저히 지키며 끝없이 정진하라고 격려하십니다. 인연이 다 되어서 떠나는 것이라는 점을 강조하셨지요."

　일상의 생활 가운데 부처님의 법을 위해 차별 경계를 둘 수는 없다. 세속의 인연을 끊고 살 수는 없다. 인연을 끊는다는 것은 부처님의 법이 아니다. 홀연히 꿈 속에서 깨어나는 것과 같으며, 연꽃이 피는 것과 같으며 초월하는 것이다. 스님도 그렇게 설명했다.

　세속의 인연을 끊을 수 없을진대 석가세존이 계율을 지키라고 한 이유는 무엇일까.

부처님도 공동체의 일원이었다

그러면 계율을 정해 살아온 부처님의 삶과 범인의 삶에서 어떤 차별성을 발견할 수 있을까.

"부처님은 높은 곳에 앉아 계신 것이 아니었습니다. 공동체의 일원으로 사셨습니다. 포살布薩이라고 하여 보름마다 모여 불교 공동체 사람들이 서로 허물이 있으면 툭 터놓고 이야기했습니다. 참회하고 개과천선할 수 있는 기회를 주는 모임입니다. 부처님도 '대중들이여 내게 허물이 있으면 지적하라'고 하셨습니다. 부처님은 생긴 것은 반드시 없어진다는 것을 가르치셨고 우리가 몸뚱이를 받기 전부터 있었던 불생불멸不生不滅의 진리·법신·불성도 있다는 것도 가르치셨습니다. 우리가 부처님을 믿고 공경하는 것은 부처님이 이런 진리를 깨달은 선각자이기 때문이지요."

깨달음 이후의 일상이 특별한 것은 아니다. 단지 마음이 특별한 것이니, 이는 마음속에 세상이 밝게 비침이다. 이것이 바로 신통이 아니고 무엇이랴. 부처님은 때로 신통력도 보였다고 한다.

"(부처님은 때로)기적적인 능력을 가끔씩 보이셨고 제자들도 신통이 있었으나 경계하셨습니다. 본말이 전도돼 사람들이 신통에 빠져버릴 수 있기 때문입니다. 부처님은 아주 과학적이신 분이셨습니다. 신통이 따로 있는 게 아닙니다. 물 마시고, 물을 길어 나르고, 차를 따르고, 사진을 찍기 위해 플래시를 터트리는 게 다 신통입니다. 우리는 우리가 잘 모르는 것, 보통 사람들보다 뛰어난 능력을 신통이라고 하지만 신통이 따로 있는 게 아닙니다."

말을 돌려 연 두 차례 행하는 안거에 대해 스님께 여쭈었다. 해마다 실천하는 동안거, 하안거에 임하는 목표에 대한 것이다.

"정진하는 형식입니다. 부처님께서는 밤이나 낮이나, 앉았거나 섰거나 언제든지 정진하라고 하십니다. 비구는 걸사乞士라고도 합니다. 얻어먹는 선비라는 뜻이죠. 비구들이 우기에 걸식하러 다니면 초목과 벌레들을 살상할 수 있기에 여름에는 외출을 금지하고 수행을 하게 한 것이 불교 안거의 기원입니다.

안거는 수행의 수단에 불과합니다. 여기 있지만 마음이 콩밭에 가 있을 수도 있고 콩밭에 가 있어도 마음이 여기 있을 수 있습니다. 교도소에 가서도 깨친 분들이 있습니다."

아무리 안거를 많이해도 마음이 콩밭에 가 있다면 헛수고다. 안거에는 반드시 좌선을 해야 하는지도 여쭈었다. 꼭 가부좌를 해야 하는지, 그렇지않고 소파에 턱 누워 편하게 수행하면 안되는가?

"자세를 갖추고 하면 훨씬 낫죠. 사람은 어떤 분위기를 잡고 무언가를 하는 게 좋지 않습니까. 연인에게 프러포즈해도 깔끔하게 차려입고 정중하게 해야 하지 않습니까. 적어도 처음에는 그런 자세가 필요합니다. 나중에 사랑이 무

깨달음의 노래

르익으면 눈 빛 만으로도 통하는 것처럼 공부가 무르익으면 움직이거나 조용하거나 한결같이 됩니다. 깨어 있거나 잠들었거나 늘 한결같게 됩니다. 자리를 정해서 좌정해야 마음이 가라앉습니다.

형식을 통해 근본으로 들어가는 것입니다. 언제 어디서나 한결같아야 삼매입니다. 심지어는 죽거나 살거나 마찬가지인 상태에 도달해야 태어나고 죽는 문제가 해결됩니다. 누구를 좋아하면 오매불망 그 사람 생각만 하게 되는 것과 같습니다. 처음에는 염불을 하더라도 딴생각을 할 수 있지만 공부가 어떤 경지에 이르면 부처님의 길만을 생각하게 됩니다."

과연 처절한 수행을 통해 납자들이 얻는 결과는 무엇인가. 수행 전과 후가 어떻게 달라지는가. 스님의 설명이 이어졌다.

"종이 아니라 주인 되는 길이 수행입니다. 하루를 우리 마음대로 쓸 수 있습니다. 가는 데마다 내가 주인이 되는 것입니다. 출렁대는 마음이 아니라 더 투명하고 밝고 철저한 명경지수 같은 마음으로 평정을 찾는 게 수행입니다. 부처님이나 하느님이나 알라가 주인이 아니라 내가 주인이 되는 것입니다. 부처님은 내게 그런 좋을 길을 가두록 가르침을 주신 스승이기에 존경하는 것입니다."

부처님이 설한 유아독존이란 무슨 뜻인가. 모두가 어렴풋이 알고는 있지만 손에 잡히지 않는 말이다. 스님은 기자의 손에 꼭 쥐어주듯 풀어주었다.

"불교는 그 어디에도 얽매이는 일이 없습니다. 부처님이 말씀하신 유아독존이라는 말은 나 혼자 잘났다는 게 아니라 오직 나뿐이라는 뜻입니다.

TV 뉴스를 봐도 반응은 백 사람이면 백 사람이 다 다릅니다. 우리 눈에 들어오는 부처님·하느님·알라가 다릅니다. 내가 보는 저 산은 오로지 내가 보는 저 산입니다. 내가 이 세상의 주인입니다. 우리는 커다란 나, 대아의 한 멤버로 참여하며 이 세상을 살아갑니다."

한 배에서 난 형제자매도 모두 다르다. 얼굴 생김새는 물론이요 성격 또한 다르다. 다양하다. 그러면서도 나는 나다. 다양함 속에 특별한 자신이다.

깨달음의 노래 🌸

스님께 마음의 세계를 여쭤보았다. 사람의 마음 속은 물론이요, 우주나 자연이 불심으로 가득하다고 한다. 하지만 지진·눈사태·홍수로 사람이 죽는다. 또한 사람이 다른 사람에게 나쁜 짓을 하는 것을 보면 불심은 우주의 마음 중에서 어느 부분인가.

"좁게 생각하면 불쌍한 아이티 사람들이 지진으로 죽고 왜 나쁜 사람들이 떵떵거리며 사는지 의문이 생길 수 있습니다. 이 세상에는 원인 없는 결과는 아무것도 없습니다. 그리스도교적 관점에서는 과연 하느님이 있는가 없는가를 말하지만 불교에서는 이런 문제를 연기관계에서 봅니다. 인과라는 것은 분명히 있습니다. 짧은 시간의 틀에서 벗어날 필요가 있습니다."

그러면서 스님은 코로나 사태에 대해 "나와 너가 다르지 않음이요. 공동체의 진리를 깨우쳐야 한다"고 강조한다.

종이 아니라 주인 되는 길이 수행이다

유루와 무루의 공덕

스님의 말씀은 닫힌 사부대중의 마음 세계를 열도록 재촉한다. 코로나19 사태로 그만큼 우리의 마음이 형해화된 결과일 것이다. 스님의 법어 한 토막을 옮겼다.

"올해(불기 2654년)는 코로나바이러스 때문에 부처님오신날도 윤사월 초파일에 공양하게 되었고 하안거 결제도 오늘 윤사월 보름에 하기로 했습니다. 윤달은 달을 중심으로 하는 음력과 지구가 태양을 도는 태양력과의 오차 때문에 날짜와 실제를 조정하기 위해 2년이나 3년에 한 번씩 있는 달이어서 공달이라고 하지요.

윤달은 무엇보다도 탈이 없는 달이라고 그렇게 전해져왔습니다. 그리고 윤달에 세 번 절에 가면 업장과 액운이 소

깨달음의 노래

멸되고 복이 온다고 전해져 오고 있습니다. 더불어 생긴 윤달에 그동안 세상사느라 바빠서 힘쓰지 못했더 수행과 공덕을 닦도록 권장하는 가르침이 담겨있으니 그래서 이 공달인 윤달은 말 그대로 우리 마음을 비우면서 유루의 공덕을 쌓고 복덕 쌓으면서 정진하는 그런 달입니다.

우리가 짓는 공덕과 복덕에는 유루有漏와 무루無漏가 있습니다. 유루라는 것은 새어 나가는 것이라서 한계가 있습니다. 그것은 마치 우리가 조리질을 하면 조리 사이에 아무리 물을 건져올려도 모두 빠져나가는 것과 같습니다. 무루는 새지 않는 것입니다. 무루는 한계가 없는 것입니다. 그것은 마치 바가지에 물을 퍼담는 것과 같습니다. 새기는 새는데 그 한계가 없어서 끝없이 흘러나온다는 뜻입니다. 그래서 무루라고 합니다.《금강경》제8〈의법출생분依法出生分〉편에 보면 무루공덕을 쌓는 가르침이 있습니다."

헐벗고 배고픈 이웃에게 자비행을 펼치는 것만큼 좋은 공덕은 없다. 하지만 이러한 자비공덕에도 단서가 따른다. 자비를 행하는 자는 무엇인가를 바라는 마음이 없어야 한다는 점이다. 스님은 이것이 무루의 공덕이라고 했다.

"우리가 스스로 자기 마음을 살피는 데 있어서 고요히 앉아 있는 그것이 바로 무루의 공덕을 짓는 관문입니다. 그래서 선방에서 강원에서 율원에서 대중들이 하안거 결제를 하는 것입니다.

우리 대중들이 하안거 결제를 하는 것은 이런 무루의 경지에 들어가기 위함입니다. 부처님 가르침이 동아시아로 전해지면서 불심이 강한 황제나 군주들은 그 통치의 모델을 륜성왕과 아쇼카 대왕에게서 그 모델을 찾습니다. 신라의 법흥왕, 백제의 성왕 등도 그런 인물입니다."

양나라 무제의 불심에 얽힌 교훈

흔히 양나라 건국자인 무제(梁武帝, 464~549)의 사례는 불심을 설명하는 소재로 인용된다. 5~6세기 제후였던 양무제는 당시 천하를 평정한 리더의 표본이었다. 그는 정복전쟁 직후 불자임을 선언했는데, 아무리 세상만사를 자기 마음대로 해볼 수 있지만 마음의 평형만은 얻지 못했다. 아무리 바빠도 아침 저녁으로 예불을 올렸다고 한다. 511년에는 승려의 육식을 금지했는데, 이것이 동아시아의 불교 전통으로 이어졌다고 한다.

양무제는 서기 502년 4월 8일 제위에 올랐다. 2년 후 초파일에 자신은 불법을 받들고 불법으로 세상을 교화하겠다고 선포하였다. 무제는 곤룡포 위에 스님의 가사를 입고《방광반야경》을 강설하였는데 하늘에서 꽃비가 내리

종이 아니라 주인 되는 길이 수행이다

고 땅이 황금으로 변하는 감응을 얻었다고 전한다. 천하의 곳곳에 절을 짓고 탑을 쌓았으며. 수많은 스님을 배출하여 부처님의 가르침대로 수행하면서 나라를 다스리니 사람들이 '불심천자'라 불렀다.

양무제는 궁궐 안에 내불당을 만들고 고승대덕을 수시로 초청하여 신료들과 함께 설법을 들었다. 황제의 자리에 있으면서 46년간 아무리 바빠도 새벽 예불과 저녁 예불을 빠뜨리지 않을 정도로 불심이 깊었다.

무제는 검소와 모든 제정을 절약하며 평소에는 삼베옷을 입고 부들방석에 앉았으며, 짚신을 신고 갈건을 쓰고 재계를 하면서 오직 허물없는 이라야 남을 지도할 수 있으며, 스스로 깨끗한 사람이라야 남을 깨끗하게 할 수 있다고 말하면서, 모든 불가에게 육식을 금하는 중국불교의 채식전통은 양무제부터 비롯되었다.

불교 교단이 부패하고 승려가 존경받지 못하면 민중들이 불법을 존중하지 않을 것을 고민하면서, 서기 511년 5월 양무제는 천하의 고승대덕 모두에게 한 통의 편지를 보냈다. 편지 내용은 이렇다.

"출가자가 계행을 지키지 않는다면 여래의 옷을 입고도

여래의 행을 하지 않는 것이니 이는 가짜스님으로 마치 도적과 다름이 없으므로, 계율을 지키지 않는 승려는 단호히 환속시켜 다시 호적에 편입시켜 강력히 처벌할 것이다."

무제는 수많은 사찰을 건립하였는데, 그 중에서도 527년 6년 불사 끝에 완공된 난징의 동태사同泰寺는 황실 사찰이었다. 양무제는 그 해 3월 동태사에서 사신捨身공양을 시작하여 네 번이나 사신공양을 하였다. 사신공양이란 법화경 열반경 등에 설해진 가르침으로, 자기 몸을 버려 부처님께 공양하거나 중생에게 보살행을 베푸는 행위다.

양무제가 사찰에서 행자복을 입고 노비처럼 봉사하고 있으면 대신들이 절에다 막대한 재물을 보시하여 노비 값을 치르고 다시 궁궐로 모셔가는 일도 있었다. 사신공양을 몸소 실천했다. 그런 양무제가 생불로 소문난 달마스님을 처음 만나 이처럼 물었다.

"내가 전국에 많은 절을 짓고 탑을 쌓으며 스님들을 출가시키고 수많은 불사를 하였는데 얼마나 많은 공덕이 있습니까?"

"공덕이 없습니다."

"어떤 것이 성스러운 으뜸 진리입니까?"

"확연하여 성스러울 것이 없습니다."

"그러면 성불로 일컫는 짐의 앞에 있는 자는 누구입니까?"

"모릅니다."

잘 알려진 얘기이지만 자기의 불심을 자랑하며 칭찬 받기를 바라던 양무제와 문답을 나눈 달마대사는 갈댓잎을 타고 양자강을 건너 소림굴에 들어가 말없이 면벽수행에 들어갔다.

양무제가 죽은 뒤 300년 후에 이 설화가 전해졌다고 한다. 달마대사가 깨우치려고 했지만, 서로 뜻이 맞지 않아 떠난 것으로 전해진다. 이는 양무제가 달마대사의 진면목을 제대로 보지 못한 속좁은 소견이다.

양무제는 금강경을 늘 수지 독송하면서도 황제라는 상에도 집착하지 않았다. 예경을 게을리하지 않고 계행을 지키며 많은 공덕을 지었다. 그런 양무제에 대해 달마대사는 최고의 찬사를 한 것이다.

훗날 달마대사가 육조 혜능스님에게 묻기를, "아무런 공덕이 없다고 했는데, 그 깊은 뜻이 무엇입니까?" 하고 물었다. 혜능의 답변이다.

"성품을 보는 것이 공功이요, 평등이 덕德이다. 생각 생각에 막힘이 없이 항상 본성의 진정한 묘용을 보는 것을 공덕이라 한다"고 하였다.

양무제는 연호를 보통이라고 썼다. 이 세상에서 보통처럼 진리를 잘 표현한 말은 없다. 보통은 시방세계에 두루 통한다. 평등이 공덕이라고 달마대사도 얘기했다. 양무제는 불교 경전을 번역하고 스스로 주석을 달기도 하였으며, 유교나 도교의 경전에도 박통했다. 우리들이 읽는 금강경을 정리한 이는 바로 양무제의 아들 소명태자였다.

스님은 양무제에 얽힌 교훈을 설명하면서 시 한 수를 읊는다.

구름이 사라지면 드러나는 청산이여
펼치거나 걷히거나 아무 상관없지만
강물 속에 나타나는 달그림자는
하늘의 달빛이 밝아야만 볼 수 있네.

255

해맑음과 기발한 해학의 구도심

스님이 방장으로 추대된 어느 늦가을 인사를 받을 때였다.

"방장 취임을 감축드립니다."

"축하를 감하다니요. 좋은 일은 '증축하라' 해야지요."

해맑음과 기발한 해학으로 불법의 진수를 전하는 스님, 승속을 넘나드는 박식함과 소탈함이 어우러진 스님은 그러나, 깨달음을 향한 구도심에 흐트러짐 없는 수행자의 면모를 지녔다.

간혹 기자들이 스님의 주석처를 찾아갈 때에도 해학과 기지로 손님을 맞는다. 딱딱한 법문 대신 유쾌함으로 대중을 제접한다. 수좌 범종스님, 일화스님, 도우스님은 큰스님을 빈틈없이 보좌한다. 포행할 때에도 마치 축지법을 쓰는 도인처럼 산길을 내달리듯 한다.

스님께서 계곡 사이에 한 옹달샘에 이르러 기자에게 설하기를, "여기가 송광사 대중을 살리는 샘입니다. 이 물이 흘러 삼일암 삼일영천에 머물렀다가 다시 송광사 도량을 적시고 조계천으로 흐릅니다."

조계천이 흘러내리는 산이 바로 조계산이다. 호남의 산 기운을 모아놓은 명산이다. 백두대간의 지맥을 따라 내려오면 호남정맥으로 이어지며 덕유산, 추월산, 무등산 등이 우뚝 솟아 있고 무안반도와 서해 도서를 돌아 조계산으로 산기운이 모아진다. 명산대찰은 산과 강의 관계가 얼마나 밀접한지를 한 눈에 알 수 있는 사찰이 송광사다. 명산이 있으면 명찰이 있기 마련이다. 송광사는 16명의 국사를 배출한 승보사찰로도 이름을 떨친다. 수많은 명승이 도를 닦았던 수행도량이라 해서 붙여진 이름일 것이다.

보조국사, 진각국사, 청진국사, 원감국사 등과 주지를 지낸 나옹스님, 무학대사 같은 대선지식과 옛조사들이 밟고 다닌 사찰이다. 보조국사가 주석했던 방이 지금의 수선사이고, 지금 그 후학들이 그 역사의 현장에 앉아 정진하고 있다. 스님이 거처하는 삼일암도 효봉스님, 구산 스님이 거처하던 기도 도량이다.

800여 년 전 보조국사 지눌이 정혜결사를 통해 당시 고려불교의 기풍을 바로잡아 한국불교의 선맥을 계승한 근본 도량도 바로 송광사이다. 송광사의 창건 정신과 가람의 줄기, 국보급 문화재를 품고 있는 송광사의 선풍을 오롯이 이어가는 현봉스님. 스님은 삼일영천을 되살려 부처님 전에 올리는 청정수와 대중들의 음수로 활용토록 했다. 송광사를 안고 있는 조계산과 그 주변의 산세와 물길은 옛 큰 스님들이 밟고 거닐며 정진했던 역사를 간직하고 있다. 불자들은 그 길을 되짚으며 고승의 가르침을 접한다. 송광사 도량은 양류도수楊柳倒垂, 즉 수양버들이 늘어진 것처럼 갈래갈래 마디 끝에 자리한 전각을 거느리고 있다. 풍암영각, 국사전, 수선사, 설법전, 삼일암, 감로탑, 관음전, 문수전, 효봉영각 등이 마치 어머님 품 속을 파고들어 앉아 있는 봉황포란鳳凰抱卵의 형국이다. 마치 봉황 같은 향기로운 명당이다.

조선 개국과 더불어 국사 제도가 중단되었지만 조계총림은 여전히 국가와 사부대중의 스승이 주석하는 선방이자 덕 높은 도량이다. 현봉스님의 송광사 내력 설명은 지혜의 샘처럼 술술 흐르고 이어진다.

깨달음의 노래

"송광사는 어머니의 태중에서 어린아이가 자라듯이 공덕선근을 길러 불보살이 되는 도량입니다. 보조국사(1158~1210) 지눌은 스스로 목우자牧牛子라 하면서 송광사에서 마음의 소를 길들이면서 보림수행 하셨습니다. 이것이 바로 소를 치는 성자牧牛子의 정신이고, 그 가르침을 따르는 것이 목우가풍牧牛家風입니다. 지눌은 말을 더듬는다訥는 것이니 곧 행동을 절제하며 소처럼 묵묵하게 정진한다는 뜻이기도 합니다. 송광사 대중은 보조스님께서 제창하신 수행가풍에 따라 대중이 다같이 예불하고, 다같이 울력하고, 다같이 공양하고, 다같이 정진하고 있습니다. 그러면서 선원과 강원과 율원에서 각자 소임에 따라 계정혜 삼학으로 정진하는 수행공동체입니다. 이것이 송광사 목우가풍의 하나입니다."

스님의 종교관은 개방적이다. 다른 종교인들조차 스님을 흠모하는 이들이 적지 않다고 제자들은 입을 모은다. 스님의 종교관은 흠잡을 데 없다. 스님께서는 이렇게 기자에게 귀띔한다.

"자기 종교를 내세우기보다 성인의 가르침을 실천하며

259

종이 아니라 주인 되는 길이 수행이다

사는 것이 중요합니다. 불자라면 자신의 삶을 살피면서 부처님 가르침대로 연기법에 따라 문제가 어디에서 왔고 어떻게 풀 것인지를 잘 살펴야 합니다. 원인 없는 결과는 없으니 원인을 잘 찾아보고 미래를 잘 유추하는 것이 제대로 된 지혜이고 바른 불자입니다."

스님은 바른 연기의 삶, 즉 팔정도八正道를 제시한다. 무슨 의미인가. 진정한 불자의 삶이며 살아있는 선정이고 생활 속의 불교를 이름이다. 절에 가지 않더라도 생활 속에서 그런 성찰이 끊이지 않으면, 곧 불자의 삶이라는 의미일 것이다.

"지혜는 있는데 무언가 아쉽다면 복력이 부족한 것입니다. 보시 공덕을 쌓아야 합니다. 남을 이익되게 하는 것이 바로 나 자신을 이익되게 하면서 내 주변환경과 자신을 정화시키는 것입니다. 나와 남은 둘이 아닙니다. 서로 묶여 있는 공동체, 즉 연기의 관계임을 잊지 말아야 합니다."

천수경 강설로 유명해지다

스님은 어릴 적 한학자인 조부로부터 한학을 공부했으며 진주농고 재학시절 학교 공부보다 법구경 등 불교공부를 더 좋아했다고 한다. 고교 때는 경남 도대표로 고전읽기 대회에 참가, 대학생들과 겨뤄 입상할 정도로 동서양 고전에 밝다

천수경에 관한 한 현봉스님의 강설은 유명하다. 천수경으로 치면 국내 으뜸 학승으로 인정받는다. 천수경은 선禪을 중심에 두고 있지만 정토, 화엄 등 불교 역사에 등장하는 모든 수행과 교리를 보듬어 안은 경전으로 전하여진다. 천수경은 모든 종교를 인정하는 한국불교의 특성에 부합하는 경전이라고도 할 수 있다.

스님의 천수경 강좌 가운데 한 대목이다.

종이 아니라 주인 되는 길이 수행이다

"이 세상은 참 생명이 연기緣起에 의해 펼쳐집니다. 모든 존재는 상호의존의 관계입니다. 온 산하대지 그 가운데의 벌레 하나 풀잎 하나 꽃 한송이가 우주의 근본 바탕인 절대의 참 생명으로부터 피어나지 않은 것이 없습니다. 한바탕에서 피어난 나와 남의 관계, 주관과 대상의 관계, 정보正報와 의보依報의 관계, 나와 자연환경의 관계 등이 서로서로 의존하는 관계입니다. 남이 없이는 나라는 것이 없고 나 없이는 남이 없습니다. 남이 없이는 내가 없으니 나를 사랑하려면 남을 사랑해야 하며, 정보인 나를 사랑하려면 의보인 내 주변 환경을 사랑해야 합니다. 상대에 대한 배려는 바로 자신에 대한 배려입니다."

스님이 속인들에게 강조하는 이타적 삶의 근원에 대해 이런 유형으로 강설한다.

"어느 누가 시험에 들게 해서 이 모양이 된 것이 아닙니다. 모든 것은 스스로 지어왔으며 스스로 검증되어져 이렇게 된 것입니다. 다른 사람이나 신이 심판을 한 것이 아니라 인과율因果律이라는 만유萬有에 두루 통하는 율법律法에 의해 저절로 심판되어져 이렇게 된 것입니다.

깨달음의 노래 🌸

누가 나를 해탈시켜 줄 수도 없습니다. 자승자박 自繩自縛, 내 스스로를 내가 묶고 옭아맨 것이니, 이렇게 겹겹이 쌓인 무겁고 두꺼운 업장을 어떻게 풀어나가야 할지 그 방법을 몰라 그저 기가 막히고 아득할 뿐입니다. 그런데 다행히도 한 가지 방법이 있습니다. 이 생사의 윤회에 유랑하는 신세를 벗어나려고 온갖 난행難行과 고행苦行을 겪으시고 절대의 대자유인 대해탈의 큰 깨달음을 얻으신 부처님께서 그 방법을 일러주셨습니다. 결자해지結者解之, 결박結縛한 자신이 스스로 풀어야 한다는 것입니다.“

천수경에는 현대인들에게 들어맞는 유익한 사례들이 다수 등장한다. 그 기원은 제대로 규명되지 않았지만 불자들의 독회에 빠짐없이 등장한다. 7세기경 인도에서 당나라로 건너갔던 가범달마가 번역한 경전이 천수경의 저본으로 추정된다. 이를 통일신라시대 의상대사가 당나라 유학 후 귀국해 전파한 것으로 전해진다. 하지만 어디까지나 추측일 뿐 학문적으로 규명되지 않았다.

천수경의 주인공은 천수관음보살로 알려져 있다. 천수관음보살은 천 개의 자비로운 눈과 팔로 중생을 감싸 안는다고 했다.

스님의 천수경 풀이는 구체적이면서도 현대인에게 친숙하다. 스님은 가범달마본과 의상대사의 백화도량발원문에 대해 각각 원문과 해석을 붙여 현재 독송되고 있는 천수경의 뜻을 명료하게 밝혔다.

"모든 것을 다 태워 없애버리면 공하여도 공하지 않은 곳에 이르게 되고, 이 몸을 벗어나 모든 것을 잊고서 자취마저 사라지고 나면 온몸이 그대로 손이며 눈이니, 거기에는 가는 먼지 하나라도 묻힐 수가 없으며 이름조차 붙일 수가 없게 되었다. 당신이 있음으로 내가 있는 것이다."

스님이 강설하는 천수경은 오늘날 갈 길을 찾아 밖으로 나가는 현대인들을 붙들어 자신의 내면을 향하도록 돌린다. 대중이 스스로 참모습을 찾도록 유도한다. 우리 삶이 본래 아무것도 없는 가운데서도 모든 것이 넉넉하게 갖추어져 있음을 일깨워준다.

반야심경과 스님의 인연

스님의 업적과 사상은 반야심경에 오롯이 응축되어 있다.

반야심경은 260자로 이루어진 짧은 경전이다. 팔만대장경의 핵심을 응축시켜 놓아 불자들이 가장 많이 독송하는 경전이다. 불자가 아니더라도 한 두 구절은 읊조릴 정도로 대중적인 경전이 바로 반야심경이다.

스님이 이 책을 만난 것은 분명 전생의 인연이 있었기 때문일 것이다. 스님께서는 반야심경을 만난 내력을 간략히 소개했다.

1981년 어느 날 스님은 장흥의 탐진강 근처에서 팔순에 접어든 노 유학자를 만나 처음 《대전화상주심경》을 얻었다. 한국전쟁이 끝난 뒤 어느 행상이 찾아와서 전쟁으로

종이 아니라 주인 되는 길이 수행이다

폐허가 된 보림사 부서진 불상에서 나온 책인데 사랑방 벽지가 될까 하여 필러 나니던 참이었다고 한다. 노학자는 아까운 생각이 들어 쌀 한 되 주고 이 책을 샀다. 불교책이라 이해를 못해 장롱 속에 두고 있다 현봉스님을 만나 건네게 됐다고 한다. 스님은 그해 겨울 당시 방장으로 주석하던 구산스님에게 보였다. 구산스님은 '참으로 희유한 책'이라며 영인하여 널리 법공양하라고 일렀다.

구산스님이 중간서重刊序를 쓰고 영인해서 제방에 유포했다. 스님은 "혼자 그 책을 보면서도 어찌나 좋던지 당시에 원고지 쓰는 법도 몰라 그냥 백지에 공부 삼아 대강 정리하여 풀어 놓았었는데 김천 수도암에서 지낼 무렵 이것을 보고는 법공양 판을 내자고 조르면서 부추기는 바람에 무모하게 출판에 동의했다"고 전한다.

숨겨져 있던 책이 스님의 손에 발견되고 또 그 진가가 알려지면서 대만에서도 스님 덕분에 영인본을 출간했다. 장흥 보림사 사천왕상을 보수하면서 나온 복장품 가운데 같은 책이 발견돼 중요문화재로 등록되기도 했다. 이처럼 눈 밝은 이의 안목에 의해 귀한 책이 마땅한 대접을 받게 된다.

구산스님은 초판 중간서에서 이렇게 적었다.

"반야심경은 600부나 되는 반야경전 가운데 가장 간결하고도 가장 정요한 것이며, 팔만대장경도 알고 보면 이 마음 한 글자를 이리저리 말씀하신 보장일 뿐이다. 반야심경의 한 구절인 '역무노사진亦無老死盡'을 풀이한 대목을 보자. 도를 배우는 사람들이 파초 껍질을 벗기듯이 한꺼풀 벗겨내어 곧바로 모든 것을 다 벗겨버려 더 손댈 곳이 없게되면 본래의 근원으로 되돌아간 것이니 오온이 공하여져 부모에게서 생겨나기 전과 같으리라."

이 같은 인연을 토대로 현봉스님은 반야심경의 전문가로서 강설한다.

불교 의례에 빠지지 않고 반드시 독송되는 경전이 바로 '반야심경'이다. 대승불교와 가장 가까운 경전, 그리고 늘 가까이하는 경전이지만 반야심경의 뜻을 물으면 선뜻 대답하는 사부대중은 그리 많지 않다.

반야심경은 260자의 짧은 구절 속에 대승불교를 대표하는 공空 사상의 핵심이 모두 담겨 있다. 공 사상은 석가모니 깨달음의 핵심을 재해석한 것이다. 이로부터 대승불교의 모든 사상이 시작된 대승의 출발점이자 대승의 핵심이다. 공 사상이 바탕이 되고 뿌리가 되어 수많은 대승불

종이 아니라 주인 되는 길이 수행이다

교의 사상과 경전이 꽃을 피우듯 탄생했다.

대승불교운동은 승원의 출가자를 중심으로 하는 이론 불교에 대한 반발에서 비롯된다. 불교의 근본정신을 일상에 되살리려는 사상적 각성으로 일어났다. 이 움직임의 사상적 두 기둥이 공 사상과 보살 사상이다.

공 사상은 석가모니의 원음을 간직하고 있는 아함경의 기본이다. 이어 팔정도로 대표되는 초기불교의 이상적 인간상이며 지향점인 아라한을 확장시킨 개념이 보살 사상이다. 이러한 공 사상과 보살의 길을 담고 있는 것이 반야심경이다.

스님의 설명을 덧붙이면 이렇다.

"아함경의 연기법을 재해석한 것이 공 사상인데, 이 공 사상은 바로 반야바라밀의 다른 이름입니다. 육바라밀은 나와 남을 다 함께 열반의 세계로 이끄는 대승보살의 수행덕목, 즉 실천방법 입니다.

초기불교에서 열반에 이르는 길로 제시한 팔정도에 대비되는 대승불교의 실천방법이 육바라밀입니다. 육바라밀을 올바르게 수행하기 위해서는 반드시 반야바라밀을 성취해야 합니다. 그래서 반야바라밀을 모든 진리의 어머니,

즉 불모佛母라고 부릅니다. 반야바라밀이 바탕이 되어야 육바라밀을 바르게 수행할 수 있고, 또한 육바라밀의 실천을 통해서 반야바라밀이 성취되는 관계입니다. 반야바라밀 성취 안에 공 사상과 보살 사상이 함께 포함되어 있지요."

반야심경은 복잡하고 어려운 말로 낯선 주장을 펼치지 않는다. 현봉스님이 설명한 법문에는 오랜 선 수행을 하면서 석가모니 가르침을 몸으로 실천하는 진리가 담겨 있다. 간단하지만 명료하고 깊이 있는 해설이다. 스님은 9세기 중국의 선사 신찬스님의 법어를 인용해 설명한다.

"마음이 미혹하면 반야심경이 나를 읽게 되고, 마음을 깨달으면 내가 반야심경을 읽게 된다."

불경을 염불하듯 줄줄 외는 수좌스님들에게 던지는 탁월한 견해가 아닐 수 없다. 복잡하게 꼬인 듯한 반야심경을 통찰하게 한다.

스님은 반야심경을 우리에게 쉽게 다가가도록 설파한다. 차근차근 하나씩 쉽게 설명해주는 스님의 온후한 설명을 따라가다 보면 자연히 반야심경의 핵심을 이해할 수

종이 아니라 주인 되는 길이 수행이다

있다. 뜻도 모르고 외우던 '아제 아제 바라아제 바라승아제 모지 사바하'라는, '반야바라밀다주'般若波羅蜜多呪의 메시지를 쉽게 터득하도록 한다. '반야바라밀다주'는 반야심경의 첫 구절이다.

照見五蘊皆空
度一切苦厄

오온이 모두 공한 줄을 깨달아
일체 고액을 건너간다

한 쪽씩 읽어 내려가면서 스님의 명료한 풀이에 빠져들면, 바로 거기가 극락과 다름없다. 불경의 묘미와 더불어 진리를 터득하게 되는 것이다.

경자년 쥐띠 해에 얽힌 교훈

"비유경에 안수정 이야기가 있어요. 절벽의 나무와 우물의 등나무 넝쿨에 대한 비유입니다. 어떤 나그네가 들판에서 성난 코끼리를 만나 쫓기다 우물을 발견하고 등나무 넝쿨에 의지해 아래로 내려갔습니다. 우물 아래를 보니 독사가 있어 내려가지도 못하고 넝쿨에 매달려 있는데, 갑자기 흰 쥐와 검은 쥐가 나와서 넝쿨을 갉아먹는 것입니다. 절체절명의 순간이건만 나그네는 나무 위의 벌집에서 떨어지는 꿀을 받아먹으려 정신없는 것입니다. 우리네 사는 것이 이와 같다는 것을 보여주는 부처님 가르침입니다. 삼독에 빠져 다가오는 죽음 앞에서도 오욕락에 빠져 있는 것이 중생입니다.

종이 아니라 주인 되는 길이 수행이다

이때 생명줄인 넝쿨을 갈아먹는 흰 쥐는 낮을, 검은 쥐는 밤을 의미합니다. 야행성 동물인 쥐는 눈이 반짝거립니다. 낮은 조도에도 자기 길을 잘 찾아갑니다. 수행자가 깨침을 향해 오직 화두일념에 드는 것과 같은 이치입니다.

흰 쥐처럼 부지런하고 밝으며, 반짝이는 쥐의 눈처럼 한눈팔지 말고 시간을 아끼면서 열심히 사는 불자가 되기 바랍니다."

코로나 전염병은 온 인류가 하나의 운명으로 묶여 있다는 걸 스스로 드러내는 증상이다.

현봉 큰 스님의 해석이다.

"부처님 가르침이 바로 연기법緣起法이지요. 이것이 있으므로 저작이 있고, 너가 있어 나가 있다는 가르침... 코로나는 나와 너가 다르지 않음을 보여줍니다. 코로나가 사라져도 세계 어디엔가 남아 있으면 다시 감염될 수 있습니다. 다른 나라들이 코로나에서 떨쳐나오도록 돕는 것이 스스로를 돕는 길입니다."

깨달음의 노래 🏵

스님이 걸어온 길

1949년 경남 사천 출생

1974년 구산 스님을 은사로 출가 득도

1975년 구산 스님을 계사로 비구계 수지

1977년 구산 스님을 계사로 구족계 수지

1991년 조계총림 유나

1992년 송광사 광원암 중창

1994년 제11대, 제12대 중앙종회의원(~2001)

2000년 송광사 주지, 정광학원 이사

2002년 조계종 법규위원, 호계위원

2019년 11월 산중총회, 제7대 조계총림 송광사 방장 추대

저서 『선에서 본 반야심경』, 『너는 또다른 나』

나를 낮추면 작은 휴식이요,
나를 빼면 최고봉

뜨거운 가슴으로 다 주어라

　달하우송 대종사는 덕숭총림 수덕사 본사와 산하 40여 개 사찰의 정신적 지도자로 주석하고 있다. 스님은 원담스님을 은사로 출가해 1959년 수덕사에서 인규스님을 계사로 사미계를, 1963년 범어사에서 혜수스님을 계사로 구족계를 수지했다. 1966년 묘관음사 선원에서 수선안거를 시작으로 망월사와 동화사, 청계사, 범어사, 정혜사 등에서 56안거를 성만하며 정진했다.

　스님은 명리와 번잡함을 싫어한다. 수덕사에서 처음 수행에 들어간 이후 수많은 상좌와 지인들 만류에도 홀로 청빈의 삶을 실천하고 있다. 이같은 맑은 삶은 주옥같은 법문으로 되살아났고 사회대중에게 진한 감동으로 다가온다.

깨달음의 노래

수덕사는 백제 시대부터 1400여년을 이어 온 유구한 전통 기도 도량이다. 일제 치하 시절 경허스님이 주석하면서 승풍을 크게 진작시키는 요람이 되었다. 오늘날에도 대덕 선승을 배출하는 기도 도량으로 인정받고 있다. 수월, 혜월, 만공, 한암스님 등의 기라성 같은 불교 인물들을 탄생시킨 곳이 바로 수덕사이다.

수덕사와 경허스님은 바늘 실 처럼 인연이 깊다. 경허는 구한말 때 왜색으로 물들여진 조계종을 타파하고 새로운 중흥의 기치 내걸었던 걸출한 인물이다. 웅혼한 깃발을 내걸고, 조용하면서도 유교 선비처럼 굵직함을 추구했던 대선사였다. 수덕사에 주석하던 1880년대 경허는 조선조의 탄압으로 끊어진 선불교의 수행체계와 법통을 다시 수립했다. 수덕사를 비롯한 인근의 천장암, 부석사, 개심사 등지에서 보림하며 조계종의 바른 선맥을 계승하고 보존했다.

이같은 전통과 법맥을 지금은 달하우송 방장스님이 이어받고 있는 것이다. 스님이 지닌 풍모는 세상을 달관한 듯하다. 청빈의 삶을 몸소 실천한 결과, 모습도 그렇게 되셨나보다.

스님의 법어는 짧고 간결하다. 명쾌한 어조의 스님 법문은 듣기에도 편하다. 사실 기자같은 불문 문외한이라도 접

나를 낮추면 작은 휴식이요, 나를 빼면 최고봉

근하는데 알아듣고 소화할 수 있는 절제된 언어를 쓴다. 스님이 내린 법문을 문답식으로 명료하게 정리했다.

> Q.   이 어려운 시기 사부대중은 어떻게 해야할까.
>
> A.   다 용서해라. 인색한 행동은 심장이 식어져서 신상에 해롭습니다. 뜨거운 가슴으로 다 주어라. 확실하게 도와줘라. 도움이 되는 행동 보살행은 뿔 난 물고기의 물이오, 학이 소리치며 날 수 있는 허공이다. 도움이 되는 행동, 보살행은 산하대지 두두물물이 이 뭘까를 굴리는 힘으로 돌아오게 한다. 세수하고 코풀 때 이놈이 같이 굴러가면 구경원성 살반야가 아니겠는가. 이 정성을 바칠 뿐입니다.

   그렇다. 스님의 말마따나 뜨거운 가슴으로 내 이웃에게 베푼다면 어려운 시기 함께 극복할 수 있다. 스님은 세상을 달관한 대선사의 풍모를 지닌 분으로 알려져 있다. 이런 스님을 친견하려는 불자들은 많다. 하지만 스님을 친견

깨달음의 노래

하려면 그만큼 정성을 들여야한다. 성철 스님은 생전 "나를 보려거든 3천배를 하고 오라"며 엄격한 조건을 내걸었다. 달하우송 스님도 일반 신도가 친견하기는 쉽지 않다. 덕숭총림 본사 수덕사에 오는 불자들은 저마다 기도하고 정성을 들인 다음에야 덕숭산을 찾는다. 기자도 두차례에 걸쳐 조계종 홍보실을 통해 글을 쓰는 이유와 목적, 질문서를 제시한 이후에야 답을 받을 수 있었다.

Q. 석가 세존이라면 이 어려운 시대를 어떻게 극복할 것인가.

A. 부처님께서는 '천상천하유아독존'이라 하셨습니다. 하늘 위, 하늘 아래 오직 나만이 홀로 귀하다는 것이요. 우주에서 사람만큼 귀한 존재가 없다는 의미입니다. 불가에서는 나를 세상의 중심으로 본다는 것이요. 다시말해 이 세상의 모든 나를 존엄하게 생각한다는 깨달음입니다. 나가 소중하니 또 다른 나도 모두 소중합니다. 옆에 있는 사람에게 웃어주고 베풀고 사랑하라는 의미입니다.

나를 낮추면 작은 휴식이요, 나를 빼면 최고봉

스님의 말씀에는 옛 고승들의 깊은 사색이 그대로 응축되어 우러난다. 그 말씀은 희망의 은유이며 깨달음의 결정체이다. 스님의 말씀을 곱씹으면, 대덕선승들의 발자취를 따라 걸을 수 있고, 그들의 숨결을 온전히 느낄 수 있다. 달하우송 스님은 후학들에게 개인의 삶과 행복은 물론 더 나은 세상을 위한 조언도 함께 전한다.

실생활인들이 보기에 요즘은 자꾸 뒷걸음질 치고 싶은 인생 삶이다. 그럴수록 참된 인생이란 노스님의 말씀을 좇아 그들의 삶을 음미해야할 시점이다. 인간사 모든 것은 마음먹기에 따라 달라진다는 말이 그래서 나온 것인가. 코로나 사태를 어떻게 이겨내야할지 지혜를 모을 때이다.

깨달음의 노래

코로나 사태를 이기는 법

성철은 불교보다 더 좋은 종교가 있다면 불교를 버릴 용의가 있다고 했다. 용기있는 지식인의 언급이 아닐 수 없다. 초종교인이다. 달하우송 스님 역시 종교관이 열려 있다. 종교란 무릇 중생의 근심을 덜어주어야 한다고 강조한다.

"풀 한포기, 돌맹이 하나도 제 자리를 이탈하면 균형이 깨집니다. 모름지기 종교는 혼란 속에서 중생의 마음이 제 자리를 지킬 수 있도록 도와야 합니다. 사바세계의 속성상 유행병을 피할 수는 없습니다. 하지만 지구가 스스로 균형을 맞추듯 중생들도 스스로의 균형을 맞출 수 있도록 노력해야 합니다. 그 중심에는 종교가 마음의 길라잡이 역할을

나를 낮추면 작은 휴식이요, 나를 빼면 최고봉

해야 합니다. 불경에 보면, 목탁소리 한번 들으면 그 생명력의 힘으로 더 좋은 생을 받게 된다는 구절이 있습니다. 지나친 두려움은 오히려 상황을 악화시킵니다. 종교는 중생의 근심을 가볍게 해 주어야 합니다."

현대에 들어 문명이 발달하고 지혜가 쌓이면서 인류가 더 행복해지고 기쁜 삶을 영위해야 한다. 하지만, 오히려 그 반대 상황이 펼쳐지고 있다. 당연하다. 스님의 해법은 무엇일까.

"갈등은 피할 수 없는 필연적인 것입니다. 세상이 복잡해질수록 갈등도 더 복잡해지고 이해관계는 더욱 얽히게 될 것입니다. 갈등을 풀어야 할 종교에서 갈등이 생기는 것도 현실입니다. 그러나, 종교는 사람들을 화합하게 만드는 힘을 가지고 있습니다. 코로나로 인한 갈등도 마찬가지 입니다. 갈등을 있는 그대로 받아들일 수 있어야 합니다. 그러나 그 갈등을 극복하고 치유하기 위해서는 서로에게 식어있는 마음을 따뜻하게 해주어야 합니다. 삶의 균형이 깨지지 않도록 해야 합니다. 서로 인색하지 않고 뜨거운 심장으로 서로 만나야 합니다."

천상전하유아독존 즉, 나라는 존재가 유일무이하다. 하늘 아래 오직 나만이 귀하디 귀하다. 마찬가지로 더불어 내 옆에 있는 또 다른 나도 귀하다. 스님은 인간 스스로가 부처님이라고 거듭 강조한다. 내가 곧 부처님 자체라니, 나 자신이 얼마나 귀한 존재인가.

"내가 눈을 뜨니 내가 주인공입니다. 자기를 축소시키지 말며 과소시키지 말며, 인색하게 만들지 말며 내가 이 세상을 안아야 합니다. 부처님의 세상에 오신 뜻을 헤아리고 스스로가 부처님인 단계가 되길 바랍니다. 내가 주인공으로써 부처님도 섬겨야 하고 내가 주인공으로써 이 세계를 사랑해야 합니다. 내가 아닌 세상에 도움이 되어야 합니다. 세상을 힘들게 하는 사람은 그 스스로도 힘들어집니다. 한없이 열려진 하늘이 있고 아무리 밟아도 언제나 포근한 땅이 있으며, 눈을 돌리면 아름다운 산천이 늘 우리 곁에 있습니다."

스님의 언급은 비종교인들에게도 설득력 있게 다가온다. 스님의 법어가 도덕론이라 해도 부족함이 없다. '인간이 부처'라는 말만큼 인간의 참된 실체를 알려주는 말은

나를 낮추면 작은 휴식이요, 나를 빼면 최고봉

없을 것이다. 달하우송 스님이 이 세상의 향도처럼 느껴지는 이는 비단 기자만이 아닐 것이다.

"세상은 온통 요동치는 파란만장입니다. 그러나 바다가 온갖 몸부림을 쳐도 파도는 물입니다. 집채같은 파도가 삼킬 듯이 포효하고, 휘감아 말아엎어 밀어쳐도 물입니다. 필경 파도는 물로 돌아오는 요동이요, 제자리를 찾는 몸부림입니다. 세상은 본심의 바다요, 양심의 언덕입니다. 본심은 세상이 다 보이는 높은 곳이요, 아무도 보지 못하는 낮은 곳이요, 원래 일이 없어 벗어난 곳입니다. 본심과 양심에는 큰 휴식이 있습니다. 기어코 성공하는 만만한 여유가 있습니다. 그리고 실수가 없습니다. 본심을 이탈하고 양심을 벗어나면 결국 지구 밖으로 쫓겨납니다."

깨달음의 노래

삶에 해답은 없지만 현답은 있다

세상을 달관한 달하우송 스님의 법어 속에는 천년의 고사찰 수덕사의 혼이 그대로 베어 있다. 삶에 해답은 없지만 현답은 있다. 상처 난 마음은 치유되고, 웅크린 마음은 활짝 피어날 것이다. 스님이 주신 답변의 요지이다.

"하늘 땅 생기기 전 이 주인공이 뿌리요, 원동력입니다. 벌떡 일어나 뜨거운 가슴으로 세상을 안아라. 옆 사람에게 웃어주고 베풀어라. 모두 모두 우리 서로 너 제일이야, 너 제일이야 찬탄해야 합니다. 부처님의 오늘의 메시지. 세상을 부처님으로 받들어라! 이것입니다. 벌레 한 마리 풀 한 포기도 천상천하 유아독존입니다. 뿌리를 터득해서 우주를 내 생명으로 깨달아서 옆사람을 부처님으로 받드는 것이

나를 낮추면 작은 휴식이요, 나를 **빼**면 최고봉

부처님의 뜻 입니다."

'나를 낮추면 작은 휴식이요 나를 빼면 최고봉'이라는 스님의 말씀은 이 시대에 주는 향도가 아닐 수 없다. 스님은 "이 자체 이 뭐꼬로 숨어버리면 생명의 젖줄이 세상을 살린다. '이'하는, 이 한마디 공안의심이 땅이 실을 수 없고 하늘이 덮을 수 없는 공덕이 된다"고 했다.

예전 벽초스님은 "졸지 말고 일해라, 움직일 때가 산 정신이다"고 했다. 벽초스님은 날 좋을 때는 밖에서 일하고, 비 올 때는 부엌에 나물 다듬고 죽비 깎고 멍석 만들고... 살펴보면 그런 일상이 용맹정진이었다.

스님은 후학들에게 경허선사의 법어를 즐겨 전한다. 스님은 취임 승좌법회 때도 경허선사의 오도송을 읊조렸다. 스님이 전한 경허의 오도송 가운데 한 대목이다.

"소가 되고 코 뀔 구멍이 없다는 소리듣고, 삼천대천세계가 이것이라는 것을 돈각했다. 유월 연암산 아랫길에, 들사람 일없어 태평가 부른다."

스님은 "경허스님의 이 오도송은 부처님의 골수를 이어

주는 정신"이라면서 "이로부터 이 뭐꼬 공안이 중심이라는 것을 천하납자가 다시 확인하게 되었다"고 풀이한다. 불교란 말그대로 석가모니의 가르침을 속세에 전하는 종교이다. 석가모니를 인도어로 붓다 즉, 깨우친 사람이란 뜻이다. 불교의 근본은 깨달음에 있으며, 수행이란 부처님의 가르침을 깨우치는 길이며 방법이다. 스님의 법어는 불자들에게도 흔치않은 수행법이다. 내가 부처이면 옆 사람도 부처라는 스님의 말씀은, 타인의 말을 함부로 비난하는 세인들을 깨우치는 격언임에 부족함이 없다.

"놓지 않고 꾸준히 애쓰다보면 전생에 닦은 것이 나옵니다. 이런 갖춰진 곳에서 걱정없이 바로 공안으로 들어갈 수 있는 힘은 필시 전생에 설산고행을 거친 그 수준이 아닐까? 선방 안거는 대중을 부처님으로 시봉할 각오가 없으면 입방 자격이 없습니다. 옆 사람이 부처님이라는 터득은 입방 자격증입니다. 자신한테 걸려 아직도 이리저리 부딪히면 하판 중에 하판입니다. 대중 시봉이 본체요, 핵심입니다. 대복을 짓는 일입니다. 대중 시봉하는 자리에 폭 빠져 폐침망찬으로 겨울 안거를 살아도 눈 뜨면 봄입니다. 다리 뻗고 울 일입니다."

나를 낮추면 작은 휴식이요, 나를 빼면 최고봉

내 얼굴 못 보는 것이 내 법문이다

지난해 겨울 수덕사를 품에 안고 있는 덕숭산에는 여느 해와 달리 유난히 많은 눈이 왔다. 많은 눈은 오히려 고요함과 정적감을 더해 수행에 도움을 준다.

엄동설한에 시행된 동안거는 사그라지지 않는 코로나 사태로 인해 무거운 분위기 속에 시작됐다. 그러나 무거움은 고요함과 정적을 만들어낸다. 속세의 대중들이 받는 고통을 어떻게 하면 불법으로나마 달랠 수 있을까.

대종사 스님을 위시한 덕숭총림 산하 수행납자들의 형형한 눈 빛은 더했다. 살을 애는 찬 기운이 법당을 휘감곤 하지만, 부처님을 향한 구도심은 더욱 깊어간다. 이날 결제 날(2020년 12월 3일)은 만공滿空 스님 열반다례일 전야였다. 만공 문중의 제자들이 대웅전에 모두 모인 날이다. 결제

깨달음의 노래

날에 맞춰 서울에서 새벽녘 도착해 멀찍이 선 기자도 스님의 말씀을 경청하는 '복'을 누릴 수 있었다.

생전 "내 얼굴 못 보는 것이 내 법문이다"고 설법한 만공스님의 법어가 다시금 울려퍼진다. 참가한 스님들은 모두 한 소식 할 요량으로 각오를 다진다. 스님의 '만공 열전'은 흥미로웠다.

만공스님은 열반 이후 70여년이나 지났건만 덕숭총림의 후학들을 굽어보고 있다. 만공스님의 화상 앞에서 모든 납자들은 고개를 숙여 절을 올렸다. 우리 민족의 수난이 극심했던 파란만장의 시대를 버텨온 만공월면滿空 月面(1871~1946) 대선사. 홀로 왜색에 물든 불교를 혁파하고 옛 한국불교를 되찾기 위해 향도를 자처한 시대의 선각자였다. 만공은 근대 한국 선불교의 중흥조인 경허스님의 제자였다. 법호는 만공, 법명은 월면. 13세 때 김제 금산사에서 불상을 처음 보고 감동한 나머지 공주 동학사에서 출가했다. 진암 문하에서 행자생활하다 경허스님을 따라 여러 사찰을 전전한 이후, 경허를 계사로 '월면'이라는 법명을 받았다. 경허스님 열반 이후 법을 이은 만공은 덕숭산에 금선대를 짓고 정진하면서 전국에서 모여든 납자들을

나를 낮추면 작은 휴식이요, 나를 빼면 최고봉

제접했다.

수덕사, 정혜사, 견성암을 중창하고 많은 제자를 거느리며 한국 전통의 선풍을 드날렸다. 입적하기 직전까지 덕숭산 정상 부근에 초가집을 짓고 지냈다. 생전에 혜암, 금오, 춘성, 벽초 같은 저명 인사를 길러냈고, 법희, 만성, 일엽 등 당대 뛰어난 제자들도 여럿 키웠다.

스님은 경허와 만공의 법문을 나직하면서도 또렷하게 전했다. 스님의 법어는 법당에 길고 긴 여운을 남긴다.

"경허스님 만공스님과 함께 정진하는 이 도량에 겨울 방부를 들였구나! 이런 횡재가 어딨나!' 이런 생각이 절로 듭니다. 수미산을 한 번 경험하고 나면 다시 산을 찾아 헤맬 일이 없어집니다. 그때 그때 인연 닿는 대로 산을 누리기만 하면 됩니다. 부처님의 '천상천하 유아독존'이 한 마디가 화살로 청석 바위 돌호랑이를 관통시킵니다. 모기의 침으로 철우의 무쇠 소 가죽을 뚫고 피바다에 풍덩 빠지게 합니다."

과연 그렇다. 부처님의 그 한 마디는 언하대오였다. 석가모니의 인간 존중 선언을 의미한다. 한 인간이 노력하면

이 세상에서 가장 존귀한 존재인 붓다가 될 수 있다는 것은 만고의 진리다. 인간으로 태어나 깨달음을 얻은 붓다 스스로 자신감의 표현이기도 했다. 참으로 위대한 인권선언이 아닐 수 없다.

인권선언의 역사는 그리 길지 않다. 서양에서는 1789년 프랑스 혁명을 계기로, 본격적인 인권혁명이 일어났고, 미국에서는 19세기 중반에야 링컨의 노예해방을 선포하면서 인권선언의 길로 접어든 역사가 있다. 석가모니는 그보다 2000여 년 앞선 시기에 이미 인권선언을 외쳤다. 그래서 석가보니의 인간 깨우침은 더욱 빛을 발한다.

'마음 비우기'는 모두를 품는 것

결제날 스님이 내린 법어에는 그대로 석가모니의 사상이 녹아 있다. 스님의 법어 한 대목이다.

"일 잘하는 상머슴이 되겠습니다. 스치는 작은 인연도, 벌레 한 마리 풀 한 포기도 천상천하 유아독존입니다. 우주를 굴려주는 대 달마요. 모든 생명을 살리는 관세음보살입니다. 행자를 시봉하고, 대중을 시봉하는 대승보살이 되겠습니다."

인간이 갖고 있는 모든 번뇌의 근원은 불교의 주요 화두인 탐욕과 집착에 있다. 불가의 핵심 역시 바로 '마음 비우기'다. 불가의 스님들은 인간 스스로가 만들어낸 탐욕과 집착의 굴레로부터 스스로 벗어나기를 권고한다. 모두를 자비롭게 대하면 마음도 비울 수 있다고 했다. 마음 비우기를 어떻게 할까. 모두를 품을 수 밖에 없다. 자연사랑, 동물 사랑이라 구호는 의미없다.

스님의 법어는 마음 비우는 방법의 정곡을 찌른다.

"검다, 희다를 넘어서 다 안을 수 밖에 없습니다. 이 문중에 들고 싶은가? 부처님의 '유아독존'이 한마디에 남 탓할 일이 없어졌습니다. 남 원망할 일이 없어졌습니다. 끝없는 삼보의 대자대비 앞에 이 정성을 바칠 뿐입니다. 모두가 명훈가피冥勳加被요, 자타가 일시에 이 자체로 녹아져 '이 뭘 까' 뿐입니다."

스님의 법어는 무쇠처럼 단단하다. 스스로 감동하고 스스로 깨닫는 선사의 풍모 그대로이다.

"동안거의 입방은 하늘이 감동하고 땅이 감동할 일입니다. 이 결제에 내가 여기 있다는 것이 놀랍고 놀랄 일입니다. 내가 이 안거의 주인공이라는 것이 놀랍고 놀랍습니다. 바보처럼 공부해갈 뿐입니다."

스님은 경허스님의 '맑은 바람이 푸른 대나무를 흔든다'는 경구를 인용하면서 경허의 "이 뭘까"의 설명도 덧붙였다.

"경허스님은 일생을 통틀어 '이 뭘까' 였습니다. 한 평생 '이 뭘까'를 둥실둥실 대하의 물결처럼 멋있게 굴리다가 오직 한마디 '이 뭘까' 였습니다. 옛 사람은 '이 뭘까'에 의심이 떨어지고 확신이 서면 세상만사 '이 뭘까'에 맡겨버립니다. 울력할 때 울력하고 예불할 때 예불하고 힘닿는 데까지 공부하라고 했습니다."

법회에서 울려퍼지는 스님의 낭낭한 목소리는 덕숭산을 휘감았다. 단풍이 낙엽이 되어 뿌리로 돌아가는 계절에 덕숭산은 깊은 휴식에 들어간다. 기자는 스님의 법어에 감동한 나머지 한껏 가슴뿌리째 청량감을 맛보았다. 경허, 만공스님의 화상이 모셔진 법당에서 내리치는 죽비 소리는 기자가 하산할 즈음 유난히 크게 울렸다. 정신이 번쩍 든다. 어떤 경책이나 어떤 법문보다도 '딱' '딱' 울리는 죽비 소리는 만공스님의 할이요, 언하대오言下大悟의 인연으로 다가온다.

스님이 걸어온 길

1959년 수덕사에서 인규스님을 계사로 사미계 수지

1963년 범어사에서 혜수스님을 계사로 구족계 수지

1966년 묘관음사 수선 안거를 시작으로 56안거 성만

1988년 덕숭총림 수덕사 주지

2018년 조계종 중앙종회의원

2019년 대종사 법계 품수

2019년 덕숭총림 수덕사 제5대 방장 추대

내가 짓고, 내가 받는다

코로나 사태는 '탐진치 삼독'

  2500여 년 전 선각자 석가모니는 부다가야의 보리수 아래에서 새벽 별을 보고 나서 정각에 이르렀다. 그 때가 불교의 출발점이다. 정각에 이른 석가모니는 감탄하면서 "일체중생이 모두 여래와 같은 지혜 덕성이 있건만 분별 망상으로 깨닫지 못하는구나"라고 탄식했다.

  일체 중생이 지혜 덕성의 그릇을 갖고 있다는 말은 기독교 성경에도 나와 있다. 석가 세존은 정각을 이룬 그 순간 인간은 누구나 절대적이고 무한한 가치를 지닌다는 불변의 진리를 스스로 깨달았다. 그래서 불교를 깨달음의 종교라고 한다.

  한국불교의 최대 종단 조계종은 이 깨달음에 이르는 피나는 수행법을 연마함으로써 번성했다. 조계종이 지금

처럼 성장한 이유는 깨달음에 다다르기 위해 피나는 수행을 거듭한 수많은 선승들을 배출한 데 있었다.

현 조계종 집행부를 이끌고 있는 총무원장 원행스님은 이같은 단련과 수행을 거친 조계종을 하나로 묶어내는데 주력했다. 스님은 조계종과 다른 종단과의 화합을 통해 시너지 효과를 내는 흔치 않은 지도자다.

코로나 사태는 전 국민을 고통속으로 밀어 넣었다. 불교는 어떤 행동과 현답으로 사부대중을 깨달음으로 인도해야 할까. 원행스님은 매년 연두에 언론 인터뷰를 행한다. 이를 통해 일반 대중 및 여타 종교와 대화한다. 코로나 사태는 분명 이 시대에 엄청난 영향을 미쳤다. 스님은 코로나 사태가 인간사회에 던지는 시사점을 조목조목 짚는다.

"오늘날 우리 모두를 깨우쳐준 것은 코로나19 입니다. 코로나19 이전과 이후로 나눌 만큼 이 시대 화두가 되었습니다. 한국불교 전래 이래 1700년 동안 지켜오던 음력 4월 8일 부처님오신날까지 한 달 정도 미뤄야 할 만큼 시공을 정치시켜 버렸습니다.

그렇지만 이를 통해 평범한 일상이 얼마나 소중한지 알

내가 짓고, 내가 받는다

게 되었고 늘 마주하던 사람이 얼마나 귀한지를 알게 되었습니다. 역설적으로 코로나19는 탐진치 삼독을 가르쳐준 대선지식입니다."

한국불교에서 선지식은 선종의 확산과 함께 화두를 타파한 도인을 가리킨다. 스님께서 코로나19를 대선지식으로 칭한 데는 이유가 있다. 코로나 사태는 인간이 삿된 길로 가지않도록 올바른 도리와 이치를 깨우쳐 준 경책이라는 의미일 것이다. 그러면서 코로나 사태를 '탐진치 삼독'이란 말로 풀이했다.

"첫째가 탐심입니다. 코로나 와중에도 꽃구경을 가야겠다는 마음을 지나치게 낸 것도 탐심입니다. 애꿎은 봄꽃을 사이에 두고서 탐심과 탐심이 부딪치는 결과를 전국 곳곳에 만들었습니다.

둘째, 진심입니다. 학교가 문을 닫고 가족들이 모두 가정에 머물러야 하는 기간이 길어지면서 부딪치는 일들이 생기게 마련입니다. 기도도 제대로 할 수 없고 도반을 만나지도 못하니 그것도 참으로 화나는 일이 됩니다.

셋째, 치심입니다. 어리석은 맘으로 남에게 코로나를 옮

300

깨달음의 노래

기는 결과를 만듭니다. 마스크 착용과 거리두기를 게을리하거나 불필요한 과도한 접촉, 의학적 학문 영역과 종교적 신념 영역을 구별하지 않으려는 어리석음이 코로나의 주변 확산으로 이어진다는 것도 알게 되었습니다. 만인천작이라고 하였습니다. 수많은 사람의 생각이 모이면 하늘의 뜻도 바꿀 수 있다는 말입니다."

그러면 전 인류가 고통받고 있는 이 시대에 불교는 어떻게 다가가야 하는가. 스님은 "사람은 다시 태어나야 한다"며 윤회 이론을 설파한다. 불교의 기본 이론 중 하나가 윤회론이다.

"천상은 육도윤회의 하나입니다 윤회합니다. 다음 생에 다시 인간으로 태어나느냐는 이승의 삶에 달렸어요. 인간으로 환생해야 합니다. 인간으로 환생하지 않으면 이승에서 만날 일이 없어요. 지옥은 일일일야 만사만생一日一夜 萬死萬生이라 했어요. 하루에도 만 번 죽고 사는 고통으로 가득 찹니다, 인간 사바세계에서 성불해야 하는 이유가 이것이지요. 사람이 다시 사람으로 태어나는 종교가 불교입니다."

사람이 다시 사람으로 태어난다는 것은 불교 뿐만 아니라 여타 종교의 가르침에도 존재한다, 그렇다면 불교는 여타 종교들과 어떤 차이가 있을까. 과연 불교에 귀의한다면 무엇이 달라지는가? 스님은 다시 태어남, 즉 중생이라고 풀이한다. 불교를 믿는다는 것은 중생을 추구하기 때문이다.

깨달음의 노래

불교를 믿어 좋은 게 뭣인가

"불교를 믿어 좋은 게 뭣인가. 사람으로 다시 태어나는 것입니다. 다시 태어나 만날 수 있는 계기가 되어야 합니다. 부모님께 잘하라는 말은 바로 나를 위해서 잘하라는 의미지요. 남에게 자리를 양보하고 저 밖에 서 계시는 분을 보세요, 무조건 법당 안에만 들어오려 하지 말고 기도하고 염불하는 것 자체가 구도입니다. 선거 때만 표를 달라고 하는 것은 안 된다고 했어요."

무릎을 칠만한 언급이 아닐 수 없다. 어디 진리가 법당 안에만 있으랴. 어디서든지 염불하고 기도하는 것이 곧 구도의 길이요 수행길이다. 그러면서 스님은 조선 중기 활동했던 대선승 진묵震默스님(1562~1633)을 예로 들었다. 당대

내가 짓고, 내가 받는다

뛰어난 승려였던 진묵스님은 '소석가' 즉, 작은 부처로 불렸다.

"곧 작은 부처님이라는 말이지요. 성철스님도 진묵스님을 꼽았어요. 그런데 그 진묵스님보다 더 신통한 게 나한입니다. 나한은 '신통은 내가 너희들보다 못할지 모르지만 대도는 너희들보다 나으니라. 열심히 기도하고 수행해서 성불해야 하느니라'고 했어요."

나한羅漢은 일체 번뇌를 끊고 깨달음을 얻어 중생을 구제할 만한 자격을 지닌 구도자를 가리킨다. 깨달음을 얻은 자에게 주어지는 말이다. 곧 성불한 사람이다. 어떻게 하면 성불할 수 있는가. 참선하면 성불에 이를 수 있는가. 스님은 자작자수自作自修로 풀이했다. 스스로 짓고 스스로 이룬다는 의미다.

"참선, 간경, 주력, 염불, 불사는 결국 성불의 길입니다. 다른 데에 없어요. 바로 옆 노인들을, 신도들을 대접하는 모든 불사가 성불로 가는 길입니다. 부처님은 살아 계실 때 몇 번이나 가르쳤지요. '우주는 누가 창조했는가'라는 만동자의 질문에 부처님은 독화살을 설명했어요. 화살을 뽑고 빨리 치료해야지 누가 쏘았느냐 하는게 문제가 아니라는 거지요. '신이 있는가 없는가' 유물론자들은 우주는 물질로만 되어 있다고 했어요. 부처님은 이 모든 학설을 부정합니다. 자작자수란 그런 뜻입니다."

자작자수는 바로 불교식 수행이나 회향, 추선공양으로 이뤄내는 것이다. 모든 것은 스스로 수행하면서 닦은 과보에 따른 것이다. 스님의 설명이다.

"내가 짓고 내가 받는다는 생각으로 생활해야 한다는 말입니다. 내가 바로 부처라는 의미입니다. '천지여아동근天地與我同根', 하늘과 땅이 나와 한 뿌리입니다. '만물여아일체萬物與我一體', 만물이 나와 똑같은 몸이라는 말입니다.

염불과 참선을 겸하면 호랑이가 뿔을 다는 것과 같다고 했어요. 호랑이가 뿔을 단다면 더 무섭다. 즉 성불에 이르는 염불과 참선이 날개를 단다는 의미이지요. 불교는 자타력을 겸비한 종교입니다. 부처님 당시에는 자력적인 요소가 많았지요. 대승불교의 영향이 컸어요. 그런 연유로 보살불교가 되었어요. 남을 위하는 것은 곧 나를 위하는 것입니

다. 남을 위해 사는 것과 나와 너가 수행하고 기도하는 것
은 같습니다."

불교를 창시한 석가모니 즉, 고타마 싯다르타 왕자의 생
애는 오랜 고행과 수행 끝에 깨달음의 경지에 오른 삶이
다. 그러나 사람들은 석가세존의 경지에 오른 순간까지만
조명한다. 경지에 이르렀으니 부처이고 대단한 인물이라
는 식이다. 통상 그 이후는 생각하지 않는다. 6년여 고행
으로 지친 젊은 석가세존은 고향 성문 밖에 이르러 변함
없는 인간들의 생로병사를 목격한다. 깨달음 경지에 이른
석가세존은 "마음의 눈을 뜨면 모든 살아 있는 것들이 홀
로 있지 않고 서로 인연으로 이어져 있다"고 했다. 깨달음
경지에 이어 제시한 것은 윤회였다. 불가에서 인간의 생로
병사는 인연이며 윤회이다.

다시말해 참된 인간 삶의 결과로 깨달음 경지에 이르
고, 깨달음의 인연으로 연결되어 참된 인연으로 삶이 윤회
하고 있음을 석가모니는 제시한 것이다.

그렇다면 사람의 운명이 정해져 있으며, 돌고 돌아 제자
리에 온다는 의미인가. 애초 윤회는 힌두교 교리에서 유래
되었다. 인간은 죽어도 그 업에 따라 육도의 세상에서 생

사를 거듭한다는 의미다. 다시말해 생명이 있는 것은 여섯 가지의 세상에 번갈아 태어나고 죽는다. 이를 육도윤회라고 부른다. 다만, 사람의 운명이 그 업에 따라 정해진다는 의미이지 미리 정해졌다는 것은 아니다. 업이란 공덕으로 지어진다.

"고결한 사람이란 부귀영화를 가까이하지 않는 사람이라고 하지만, 가까이하면서도 물들지 않는 사람을 더욱 고결하다고 합니다. 탄허스님은 부유만덕이라고 했습니다. 많이 가져야 곧 베푼다고 했지요. 어릴 때 부자가 지금도 부자인 사람은 열에 한 둘도 없어요. 그만큼 부를 가지려면 공덕을 쌓아야 합니다."

스님은 한 사례를 통해 공덕의 의미를 되살렸다.

"불자의 기본입니다. 최근 우연히 모 국회의원이 국회에서 연설한 걸 들었어요. 그 국회의원은 중학교 졸업하고 거의 독학으로 공부해 한의학 박사를 한 사람입니다. 그가 3선 의원을 꺾고 국회에 입성했어요. 사주관상 또는 풍수를 보면 그가 그렇게 성공할 상이 아니라는 것입니다. 그러나

내가 짓고, 내가 받는다

자기 노력에 의해 바꾼 것이지요.

우리나라 대통령 된 사람들 사주관상을 풀어보았더니 대통령 될 사람은 아무도 없었더랍니다. 결론은 피나는 노력과 적선 두 가지로 대통령이 되었다는 말이지요.

대통령하고 싶으면 음덕을 쌓고 누구에게나 적선하면 다 부처님이 됩니다.

세상을 살고 보니 꼭 그렇게 되더라는 겁니다. 노력하면 바뀐다는 거지요. 운명을 바꾸려면 피나는 노력이 있어야 합니다. 보시하고 참회하면서 열심히 덕을 쌓아야 한다는 거지요. 이것이 수행입니다. 스스로 참회해야 합니다. 그런 이후 발원해야 합니다."

깨달음의 노래 🌸

인간 삶의 기본은 자작자수

　스님께서는 조선조를 건국한 삼봉 정도전에 얽힌 얘기를 통해 윤회의 의미를 좀더 쉽게 설명한다.

　정도전은 조선조를 일으킨 개국공신으로 골수 유학자였다. 고려말 불교의 타락상을 목도한 나머지 숭유억불 정책을 입안한 인물이다. 고려 시대 당시의 사찰은 도심이나 마을에 있었지만 조선 초기 불교 탄압으로 인해 사찰이 모두 산중으로 도피했다는 속설도 전해진다.

　"옛날 삼봉이 한 말입니다. 그분에게는 인과도 없고 윤회도 없습니다. 사람은 태어나서 죽으면 끝입니다. 무슨 인과가 있고 윤회가 있는가라며 반대했습니다. 무학대사의 제자께서 현정론을 지어 삼봉의 해괴한 논리를 반박하니

내가 짓고, 내가 받는다

다. 오늘은 어제 보면 내일이지요. 내일 오늘을 보면 어제 이지, 어제와 오늘과 내일이 있습니다. 이처럼 사계절이 윤회합니다.

인생도 태어나서 생로병사할 때까지 윤회합니다. 윤회는 다른 게 아닙니다. 봄이 있고 한해 두해 세해가 있고 전생도 있고 금생도 내세도 있습니다. 부처님께서 백천만겁이 지나더라도 소작업은 불망이라 했습니다. 자기가 지은 업은 없어지지 않는다는 것입니다."

불교사상을 부정한 정도전에 얽힌 역사를 설명하던 스님은 조선조 불교 탄압의 역사를 덧붙여 설명했다. 스님은 불교사에 박식한 학승으로도 유명하다. 중앙승가대 총장을 지낸 스님은 한양대학교에서 조선불교사 전공으로 박사학위를 취득(2013)한 바 있다.

"우리는 좋은 환경에서 부처님 말씀을 듣고 있지만, 지난 조선조 500년 동안 많은 규제를 받고 억압을 받고 불교를 멸살하고 숭유억불 정책에 의해 수많은 학대를 받으면서 살아왔습니다. 그럼에도 꿋꿋하게 지녀왔습니다. 스님들과 여러 신도분들께 큰 박수를 보냅니다.

파고다공원 즉, 탑골공원은 세조께서 세우신 곳이지만, 연산군이 무참히 파괴했습니다. 사대문 안에 모든 사찰을 철폐했습니다. 지금 서울시내 사찰은 옛날 모두 사대문 밖에 있었는데, 일제 때 다시 생긴 것입니다. 그래서 사대문 안 큰 사찰에서 법회를 할 수 있지요.

우리 불교가 우여곡절과 많은 어려움 속에도 스님들께서 수고했지만 신도들이 옹호하지 않았다면 인도처럼 불교가 없어질 수 있는 사태를 맞이할 수도 있었습니다. 지금의 파키스탄 펀잡 훈자, 카라코럼 산맥을 지나 중국으로 불교가 들어왔어요.

한국 일본 중국에서 불교와 관련된 자그마한 사태가 있었지만 모든 불자들이 2000여 년 동안 정진을 해오고 있습니다. 한국만 조선조 500년 간 엄청난 핍박을 받았어요. 종교사에 있을 수 없는 압박이 있었어요. 다시 한번 불교를 지켜온 모든 분들에게 감사를 드립니다."

정도전이 조선초 후계자 다툼 와중에 이방원에 척살된 것도 근거없이 불교를 비방한 업보가 아닐까. 삼봉은 자신이 세운 후계자를 왕위에 앉히기 위해 불교를 희생양으로 핍박했을 수 있다. 이런 유형의 정치적인 종교 핍박은 조

내가 짓고, 내가 받는다

선시대나 지금이나 다를 바 없다.

삼봉은 유학자로 이름을 날렸으나, 정치적 모사에 능한 인물이라는 사실은 변함이 없다. 스님은 조선불교사 연구에 몰입한 학력을 바탕으로 정도전과 불교에 얽힌 역사를 풀어냈다.

"삼봉은 하늘의 기가 있는데 높은 기를 받으면 귀한 사람이 되고 얇은 기를 받으면 천한 사람이 된다고 했습니다. 우연이 그렇게 된다는 것입니다. 다음 생이 잘 되려면 지금 잘해야 한다는 것이 도덕률입니다. 내생이 없고 윤회가 없고 내생이 없으면 착하게 살 이유가 없습니다.

정도전은 몸이 생겨서 마음이 생긴다고 합니다. 그러면 제사를 왜 지내는가. 천도하는 의미가 큽니다. 왜 부모를 좋은 곳으로 가시게 해야 한다고 했습니까. 부모님이 좋은 곳으로 가 계셔야 그분을 의지해서 살기 때문입니다. 나를 가장 아껴주는 분이 누구인가. 여러분이 가장 아껴주는 사람이 누구인가. 전부 인연 따라 가는 것입니다. 육친을 잘 모셔야 하는 이유가 있습니다.

내가 지금 살아가는 모습을 보면 내생을 알 수 있습니다. 똑바로 부처님 말씀 따라 열심히 수행하면 후생에도 총기가 있고 영리하게 태어납니다. 누군가 보면 아름다운 기품이 있습니다."

　보통 불교와 기독교는 양립할 수 없는 종교로 보지만, 스님의 생각은 그렇지 않았다. 모든 종교에 대해 불편부당하다.

　"어떤 법회 갔는데, 한복을 곱게 차려입은 분이 계셨어요. 한복을 입었으면 기품이 있어야지 옆에 누군가 다가오니 내 옷 잡지 말라고 합니다. 그렇게 하면 안 되지요. 내 옷을 벗어 자네 한번 입어보라고 해도 부족한데도 말입니다. 마음 안팎이 같아야 합니다. 명심보감에서도 순천자는 흥하고 역천자는 망한다고 했습니다.
　하늘의 말씀이란 보편타당합니다, 평상심이 바로 도입니다. 경계가 만나면 흐트러집니다. 우스개로 '스님 나 잘살겠어요?'라고 물어봅니다. 전생은 태어난 모습을 보면 아는 것이고, 내생은 내가 무슨 짓을 했는가를 보면 알 수 있습니다. 자명한 이치입니다. 이 법당에 추운 날 오셔서 기도하고 법과 지혜를 닦고 갑니다. 기도 염불하는 것, 복을 짓는 것, 법회에 참여하는 것은 지혜를 닦는 것입니다.

내가 짓고, 내가 받는다

대승불교는 모든 사람을 다 잘살게 하는 것이 목적입니다. 다른 사람을 잘살게 하려면 복이 많아야 합니다. 팥죽도 여러분이 보시하셨기에 가능합니다. 가장 쉬운게 재보시입니다. 조금 나눠주는 것입니다. 그런데 재보시를 안하려고 합니다."

한국 불교 전래의 역사

　십선법은 원행스님이 총무원장 취임 이후 강력히 추진하는 수행법이다. 재가 스님을 비롯한 일반인을 위한 수행법이다. 조계종 계단위원회에서 승인한 십선계+善戒를 토대로 만들었다. 애초 수행하는 스님들에게는 금지조항격으로 '~하지 마라'식의 다섯가지 계율이 있다. 이는 군장병은 물론, 일반인도 따라하기 쉽지 않다.

　따라서 열가지 실천덕목으로 '~하자'는 능동성을 부여한 십선계로 확장했다. 즉, 행동으로 하는 세가지 선한 일, 입으로 하는 네가지 선한 일, 마음으로 하는 세가지 선한 일 등 십선계로 고쳤다. 오계를 상세하게 확장한 것이다.

　이를테면, 이런 유형이다.

　'거짓없는 마음으로 진실한 말을 하겠다', '화합하는 마

내가 짓고, 내가 받는다

음으로 칭찬하는 말을 하겠다', '부드러운 마음으로 좋은
말을 하겠다' 등의 계율이다.

불가에서 즐겨쓰는 말 가운데 '성불'이란 늘 회자된다.
성불이란 스스로 자신을 깨달아야한다는 의미도 있다. 자
신을 깨달아야 한다는 말은 불가에만 있는게 아니다. 그
리스 철학의 태두 소크라테스도 '너 자신을 알라'고 했다.
소크라테스는 자신의 철학적 이상이 현실로 옮겨지지 않
는 세태를 보면서, 타락한 사람들이 자신을 깨달아야 이
상사회의 기초가 된다는 사실을 지적했다.

"늘상 부처님이 말씀하셨듯이 중도의 법을 잘 지켜야 합
니다. 하늘의 해가 보이는가? 안 보이는데 있습니다. 대상
이나 경계가 생길 때 변하지 않는 마음, 평상심을 가질 때
우리는 성불한다고 합니다. 이익이 있을 때 더 높은 곳을
향하는 마음을 가져야 합니다. 경봉 큰스님께서는 늘상 말
씀하셨습니다. 한 생 안난 셈치고 수행하라고 했습니다."

스님은 언필칭 역사 속에서 우리 자신을 제대로 이해하
자고 강조한다. 한국 불교는 중국에서 전래된 것으로 흔히
알고 있지만, 스님은 중국과 거의 동시에 전래된 역사적 사

깨달음의 노래

실을 적시했다. 고대 불교사에 박식한 스님의 설명이다.

"우리를 잘 알자는 취지입니다. 불교가 전래된 지 1700년이 되었다고 합니다. 우리 불교가 언제 한국에 전래됐죠? 생각의 전환, 발상의 전환이 필요하지요. 우리 불교는 고구려 소수림왕 원년인 서기 372년에 들어왔다고 하는데 거의 정설입니다. 지금 우리를 잘 알자는 측면에서 중국이라는 나라를 무시할 수는 없지만, 여기에 너무 중국에 얽매일 필요가 없습니다.

소수림왕 때 고구려에 불교가 들어왔다고 한다. 두 번째 공식적으로 들어온 게 12년 후 백제 땅이었습니다. 서기 384년 백제 침류왕 때 마라난타 스님을 통해 불교가 들어옵니다. 법성포로 스님이 들어오셨습니다. 그래서 법성포(전남 영광군)라고 하죠. 인도 사찰이 법성포 포구에 있습니다. 마라난타 스님은 지금 파키스탄이 고향입니다. 십수년 전 우리가 파키스탄 마라난타 스님 고향에 갔어요."

고구려 소수림왕 초기 372년에 불교가 중국으로부터 왔다. 그럼 중국으로부터 들어오지 않은 불교는 있는가. 스님은 이에 대해 "있었다"고 했다. 이어 한국 불교사에서

내가 짓고, 내가 받는다

몇가지 예를 들면서 불교 전래의 흔적을 짚어나갔다. 특히 국내에서 전설처럼 전해지고 있는 허황후에 대해 스님은 상세하게 설명했다.

"첫째, 제주도 존자암에 흔적이 있어요. 그곳에 석가모니 부처님 당시 발타라 존자께서 오셨다는 기록이 있습니다. 그걸 지금 인정받지 못하고 있는 거예요. 우리 불교인들이나 사학자들이 머리를 맞대고 모여서 그걸 규명해야 됩니다. 또 하나는 가락국의 허황후가 아유타국에서 오셔서 김수로왕의 부인이 되어 김해 김씨의 시조가 되었다는 겁니다. 김해 김씨의 어머니이자 허씨의 시조입니다.

아주 건강하셔서 다산을 하셨어요. 10여 명 중 일곱 왕자는 출가해서 산에 있는 칠불암에서 성불했고, 아들 한 분이 허씨를 이어 김해 허씨의 시조가 되는 거예요. 지금 김해 김씨, 허씨가 500만이 넘습니다. 그 허황후가 아유타국에서 오셨는데, 그 아유타국이 어딘가, 이걸 놓고 몇 가지 설이 있습니다. 어딘지는 모르지만 그것이 꼭 중요한 것은 아니지요. 외국에서 오신 거예요. 불교를 가지고 오신 거예요. 친정오빠라는 장유화상이 스님이 되어 불교를 전했는데, 그분들을 태우고 왔던 배에서 내린 그 돌을 가지고 김해에 있는 탑을 만들었다 합니다. 서기 50년 전후 됩니다. 왜 이 말씀을 드리느냐. 불교가 중국에 처음으로 전래되었다는 공식 기록이 후한 명제인데, 서기 50년에서 70년 사이에요.

허황후도 (한반도에) 거의 같은 시기 오신 거예요. 물론 중국에서도 지금 중앙아시아를 거쳐 불교가 들어왔는데, 서기 50년 전후 후한 명제 때입니다. 그당시 허황후도 인도에서 오신 걸로 하셔서 김해김씨 종친회에서는 해마다 제사 지내러 갑니다."

스님의 언급을 종합하면 불교가 여러 방면을 통해 한국에 전래되었으며, 중국 전래와 비슷한 시기에 한국에 전래되었다는 점이다. 중국에서 건너올 당시에는 후한 명제 때이고, 거의 같은 시기 한반도 가락국으로 불교가 들어왔다고 한다. 한국불교는 역시 석가세존의 정통 법맥을 잇고 있다고 스님은 강조한다.

현재 조계종 종헌에는 '청허와 부휴의 법맥을 계계승 승한다'고 명시되어 있다. 청허는 1592년 임진왜란 당시 승병을 일으킨 서산대사(1520~1604)를 가리킨다. 서산대사의 법명이 휴정休靜이고 법호가 청허清虛다. 청허는 선종이 배출한 당대 뛰어난 승려였다. 한국불교의 전통과 법맥에 대한 인식이 최초로 표명된 것은 17세기 전반으로 알려져 있는데, 당시 청허 문파가 정통 법맥을 이어온 것으로 인정받고 있었다. 현재 조계종 종헌에 청허라는 법호가 명시되어 있듯이, 오늘날 이어지고 있는 조선후기 불교의 사상 및 수행체계의 상징적 인물은 청허 휴정이다.

이 대목 역사 얘기를 덧붙인다. 임란 당시 선조와 청허 휴정의 우의는 돈독했다고 한다. 선조는 청허에게 나라를 구해달라는 편지를 보냈고, 청허는 전국 사찰에 격문을 돌려 의승병을 조직해 평양성 전투와 행주산성 및 한양 탈환에 큰 공을 세웠다. 다시말해 청허 휴정은 당시 조선 불교의 주류로 자리잡은 선종 계통의 좌장이자 스승이었다. 스님이 청허 휴정 문파가 정통 법맥을 잇고 있다고 말한 것은 이런 배경에서다.

"중국식 불교를 대표하는 것이 바로 선종입니다. 원래 불교의 중국 전래 이후 달마대사께서 인도에서 중국으로 오셔서 전파했는데, 이어 백수십년이 지난 후에 육조 혜능대사가 나셔서, 참선 위주의 불교를 전파했어요. 불교의 한 갈래인 선종이 중국불교를 대표하고 있는데, 그래서 참선하는 것만이 불교인 양 잘못 인식이 되는 계기가 될 수도 있었다는 겁니다. 우리도 고구려 소수림왕 어느 때 오셨던 간에, 원효 큰 스님 등 여러 큰 스님들이 다 계시고 그분들이 불교를 전파하셨어요. 그런데 중국 선종의 큰 스님들이 최고의 스님인 양 우리가 지금 너무 편중되어 있다는 겁니다.

큰 스님들께서 흔히 법상에 올라오셔서 법문할 때 거의 80 ~ 90퍼센트가 중국 스님들의 행적이나 어록을 이용해서 법문을 합니다. 물론 훌륭하죠. 근데 우리 스님들은 안 계십니까? 우리 신도들이 숭배했던 큰 스님들을 우리는 좀 등한시하지 않았나 하는 생각입니다."

역사적으로 미뤄볼 때 한반도는 영감을 주는 땅 기운이 성한 곳으로 유명했다. 이 땅에서 난 한국불교의 선승들은 시대를 이끌어간 선각자들이었다. 스님은 몇 해 전 열반에 든 법정스님을 예로 들면서 한국불교를 이끌어간 스님들의 행적을 전한다.

"법정스님은 출가 날 새벽에 삭발을 하시고 단정히 앉아 초발심자경문을 읽으셨어요. 초발심자경문은 우리 스님들이 쓰신 글입니다. 발심수행장은 원효스님이 쓰셨고 계초심 학인문은 송광사 보조지눌 국사가 쓰시고, 나머지 하나는 야운스님이 쓰시고, 이 세 분의 글이 모아져 있는 게 초발 심자경문이에요. 이걸 소홀히 해서는 절대 안 됩니다."

322
깨달음의 노래

성철의 삼천배 의미

초발심자경문은 그야말로 한국 선승들의 기본 율서로 유명하다. 신라의 원효와 고려 중기의 보조국사 지눌, 고려 후기의 선승 야운의 자경문自警文을 합친 승려 규범의 일종이다. 현재 전해지는 초발심자경문은 조선시대 때 합본된 것으로 알려져 있으나 언제, 누가 합본하였는지 분명히 전해지지 않고 있다. 법정의 '무소유'의 개념 또한 초발심자경문에서 영감을 얻어 평생 좌우명으로 삼았을 것이다.

원행스님은 2018년 총무원장에 오른 이후에도 제자들에게 법어를 내릴 때면 으레 무소유의 개념을 설파했다. 무소유란 말 그대로 '있는 바가 없다' 또는 '불필요한 것을 갖지 않는다'는 의미로 쓰인다.

내가 짓고, 내가 받는다

"법정스님은 많은 저서를 남기셨는데 가시는 그날에도 '그동안 풀어놓은 말 빚을 다음 생으로 가져가지 않겠다'며 마지막까지 무소유를 몸소 실천하신 분입니다. 스님들은 스님으로서 가져야 할 것이 있고 갖지 말아야 할 것이 있듯이 사람들마다 각자 가져야 할 것과 갖지 말아야 할 것이 있습니다."

물론 '무소유'란 법정스님이 처음 만든 것이 아니다. 그럼에도 현대 한국불교에서 무소유를 실천한 유명한 선승이라면 법정스님을 가장 먼저 떠올린다.

"법정스님은 한국에서 제일 좋은 절을 짓고 살았습니다. 스님의 대표 산문집 '무소유'를 읽고 감명 받은 대원각의 김영한 보살이 스님에게 시주, 절을 세워주기를 청하면서 길상사가 탄생했습니다. 길상사는 현재 시가로 7000억원이 넘는다고 합니다.

하지만 스님은 그곳에서 한번도 주무시질 않았습니다. 마지막 가시는 길조차 대나무 평상에 가사 한 벌 덮은 다비장이었습니다."

불교를 믿어 제일 좋은 것은 무엇인가. 이 물음에 스님은 "저는 신도들에게 말하길 불교를 믿어 제일 좋은 것은 사람이 몸을 바꿔서 사람으로 태어나는 것"이라고 설명했다.

불가에서 윤회설을 거론할 때면 으레 육도윤회六道輪廻로 풀이한다. 6가지 수레바퀴가 돌듯이 인간은 천상, 인간, 수라, 축생, 아귀, 지옥의 세계를 반복한다. 인간은 자신이 지은 업에 따라 천상에 태어나기도, 지옥에 태어나기도 한다.

불교를 신앙하는 것은 불교 진리를 일상생활에 활용하여 살아가는데 있다. 사람이 살자면 만경창파에 배를 타고 가는 것과 같다. 이 와중에 바람도 일어나고 비도 오고 풍파도 일어 배가 뒤집혀 질듯이 위험한 고비도 있다. 이를 견디면 구름도 비도 풍파도 없는 경지를 가게 되는 것이다. 고요히 앉아 선정과禪定과 지혜智慧를 닦아야 정신이 통일되고 지혜가 생긴다.

"무상의 뜻은 '이 세상은 모두 변한다'입니다. 권력도, 재산도 모두 변합니다. 하지만 영원불멸한 것이 있습니다. 마음은 영원합니다. 불성 만큼은 영원한 것입니다. 재물은

내가 짓고, 내가 받는다

벌기도 하고, 쓰기도 해야 합니다. 중도적인 입장에서 어떻게 쓰느냐가 중요합니다. 채우다 보면 싸울 수밖에 없습니다. 여러분은 베푸는 삶을 살아야 합니다. 베풀면 언젠가는 자신에게 돌아오게 됩니다."

스님은 생전 성철 스님을 모신 이력에 자부심을 갖고 있다. 성철의 강인한 수행력과 구도의 의지는 지금도 면면히 전해지고 있다.

"제가 출가해서 잘한 것 중 한 가지가 해인사 강원에서 성철 큰 스님을 모셨다는 것입니다. 그게 지금도 가장 큰 소득이지요. 그분이 늘 하시는 말씀이 '부처님 말씀보다 더 좋은 말씀이 있으면, 더 훌륭한 스승이 있으면, 언제든지 옷 벗고 난 그분한테 간다.' 온몸으로 표현한 겁니다. 부처님의 공덕을 그 이상 찬탄할 수가 없습니다."

스님이 찬탄한 성철은 현대 한국불교를 대표하는 선승이다. 성철하면 떠오르는게 삼천배이다. 성철은 사찰의 승속은 물론, 남녀노소 누구에게도 "나를 만나려거든 삼천배를 하고 오라"고 했다.

깨달음의 노래

삼천배에 대한 유래는 대략 이렇다. 성철 스님이 해인사 방장으로 백련암에 주석할 즈음 전국에서 스님을 친견하기 위해 수많은 대중이 몰려들었다. 스님은 삼천배의 의미를 이렇게 풀이한다.

"아무리 생각해도 자신(성철)을 찾아와봤자 별 이득이 없으니 이왕 왔으니 부처님에게 절하고 가라는 의미에서 삼천배를 하라 했습니다. 나를 찾아오지 말고 부처님을 찾아오시오. 나를 찾아와서는 아무 이익이 없습니다.' 그래도 찾아오면 아예 이번 기회에 부처님께 절하라고 하는 것이지요. 그냥 절만 하는 것이 아니라 '남을 위해서 절해라'라고 합니다. 그렇게 삼천배 절을 하고 나면 그 사람의 심중에 무엇인가 변화가 옵니다. 그 변화가 오고 나면 그 뒤부터는 자연히 스스로 절하게 됩니다."

총무원장 원행스님은 자신의 설법도 하지만, 더불어 한국 대덕 선승의 법어를 빌려 불자의 도리를 되새겨주는 조계종 원로 스님이다.

한국불교는 산중에 있으면서도 역사적으로 적극적인 행동을 마다하지 않았다. 국가가 위급에 처하면 칼과 창을

내가 짓고, 내가 받는다

들고 나라를 구했다. 그래서 호국불교라 불렸다. 고려시대의 몽골 침략과 조선시대 임진왜란 당시에는 승병들이 분연히 일어나 조국을 지켜내는데 혁혁한 역할을 했다.

현대 한국불교도 이런 전통에 토대를 두고 있다. 너무 적극적인 나머지 불미스런 사건이 발생하거나 분열을 보이기도 한다. 그럴때마다 종단을 화기롭게 이끄는 지도자가 나타났다. 화합과 단합, 중재의 달인이라는 세평도 듣는 총무원장 원행스님은 이런 유형에 맞는 인물이다.

스님이 걸어온 길

1953년 전북 김제 출생

1973년 혜정스님을 계사로 사미계 수지

1985년 자운스님을 계사로 비구계 수지

1986년 영추사 주지

1989년 안국사 주지

2002년 나눔의 집 원장

2004년 지구촌공생회 상임이사

2005년 금산사 주지

2013년 한양대학교 행정학 박사

2014년 중앙승가대학 총장

2016년 조계종 중앙종회 의장

2018년 조계종 제36대 총무원장

2020년 한국종교인평화회의 대표회장

성철과 법정의 만남

¶
성철(1912 ~ 1993)이 오고 (4월19일) 법정(1932 ~ 2010)이 떠난 (3월 11일) 봄이
다가오는 계절이다. 한국불교가 낳은 두 대선사의 울림은 계속된다. 이들의 대
화를 가능한 원문 그대로 옮겼다. 조계종 홍보팀의 도움을 받아 수많은 대화 중
일부를 간추렸다. 더러 일부가 빠져 있을 수 있는데, 독자님의 양해를 바란다.
- 편집자주 -

장좌불와, 면벽 수도 등을 토대로 자신을 고난의 수행으로 다듬은 분이 성철이다. 후학들에게는 호랑이 같은 우렁찬 기상과 목소리, 대쪽같은 성품을 보이면서도 호탕하고 자상한 면모를 지닌 큰 스님. 열반에 든 지 수십 년이 지났건만 아직도 성철의 가르침은 회자된다. 선원에서는 성철의 수행법이 늘 기준이 되곤 한다. 가히 한국이 낳은 큰 어른이요 스승이다.

성철스님과 관련된 유명한 일화 중에 누구든지 성철 스님을 만나기 전에는 삼천배를 해야 한다는 조건이 있었다. 왜 그랬을까? 숭배를 받고 싶어서인가. 아무나 만나주지 않기 위해서인가. 이도 저도 아니다. 자신을 찾는 사람들이 삼천배든 천 배든 하면서 포기하고 돌아가든지, 아니면 자기 속에 있는 부처를 스스로 깨우치라는 의미였을 것이다.

입적하신 법정스님도 자신의 모든 저술을 다 불태우라는 유언을 남겼다. 자신의 책을 모두 절판하라고도 당부했다. 성철의 말과 법정의 유언은 다르지 않다. 법정은 '무소유'로 이름을 남긴 당대 석학이었으며 수행의 기준점으로 삼을 만한 스님이었다. 두 선사의 만남을 글로 옮겨본다.

어느 날 선원에서 성철을 만난 법정은 후학들에게 경책이 될 만한 어록을 받고자 애를 썼다. 유쾌한 몇 마디가 오고 간 이후 법정의 물음이다. 성철은 자신의 것을 비밀이라며 유쾌하게 받아넘기며 살짝 거절한다. 그러나, 법정은 포기하지 않았다.

법정 : 성철스님, 생활신조나 좌우명이 어떻게 되십니까? 그리고 스님의 일상적인 생활신조라고 할까, 좌우명 같은 것을 이번 기회에 말씀해주십시오.

성철 : 그건 비밀인데...

법정 : 비밀이라도 조금 공지를 터보세요. 왜냐하면 후배들한테 그게 도움이 됩니다.

성철 : 그럼 늘 내가 토굴 시절에 늘 말뚝 하나, 쇠말뚝이 있어요. 말하자면...

법정 : 쇠말뚝

성철 : 쇠말뚝 말이여. 쇠말뚝을 박아놓고, 그게 아직까지 그대로 꽂혀 있거든. 거기 꽂힌 데에 뭐가 있냐 하면, 패牌가 하나 붙어 있어. "영원한 진리를 위하여 일체를 희생한다." 영원한 진리를 위해서 모든 걸 다 희생해버린다 말이야. 이기 내 생활의 근본자세거든. 그래서 '영원한 진리' 하면 이거도 좀 막연한 소리인데, 지금 보면 내가 불교인인데, 불교에서 사는 사람이니까 그럼 영원한 진리란 불교밖에 없는 거 아닌가? 이리 혹 볼 수 있는데, 내 중심에서 보면 이리 볼 수 있는데 지금까지 내가 여러 가지... 더러, 견문이 넓지는 않아도 이리저리 더러 보고 이리 해보기도 했는데, 불교가 가장 수승한 것 같아요. 가장 수승한 것 같아서 지금 불교를 그대로 하고 있고 앞으로도 그대로 할 긴데, 만약 앞으로도 불교 이상의 진리가 있다는 게 확실하다면 당장 (불교를) 벗어 버려요.

나는 진리를 위해서 불교를 택한 것이지, 불교를 위해서 진리를 택한 것이 아니에요. 그러면 내 기본자세를 알 수 있는 기거든. 진리를 위해 불교를 택한 기다 말이여. 아무리 생각하고 아무리 연구를 해봐도 가장 불교가 수승한 것 같아요, 어느 진리보다. 그러니까 불교를 하고 있는데, 불교보다 더 나은 것이 있다 하면 그때는 (불교에) 미련없다 그 말이야. 인정사정없어. 싹 벗어. 그러니 언제든지 진리를 위해서 산다는 이 근본 자세는 조금도 변동이 되면 안 될 일이거든.

참으로 진리를 위해 살려면 세속적인 일체 명리는 다 버려야 안 되나 이기야. 만약 그것이 앞서면 진리는 세속적인 영리를 구한 일종의 도구가 되어버리거든. 그기 문제되는 것이라요. 그래서 한 가지 예를 들어 말하자면, 생활신조라 하는 소리인데, 처음 중 되었을 때 여하한 일이든지, 세간 일이든지 출세간 일이든지 간에, 절 일이든지 사회적인 문제나 절 문제나 일절 간여 안 한다 말이여. 무슨 회의든지 회의 참석은 안 한다 말이여. 그래서 사회적인 문제나, 세속적인 문제나 일절 참여, 간여 안 한다. 그래서 내가 참말로 도를 성취해서 참으로 남을 위할 수 있는 그런 능력을 갖추면 그때 가서 나를 두들겨 패 쫓아내든 참여하겠지만, 내가 실지로는 절 문제나 사회적인 문제에 일절 간여 안 한다, 이리 해서 무슨 절 모임이나 회의나 사회 모임에 참석해본 일이 없어요. 절에도 별 회의에 참석하라고 하지만 절대 참석 않습니다. 지금도 그대로야. 나는 늘 그대로 놔둬.

한 가지, 그전에도 한 십수 년 전인데, 해인사서 종정 논의가 있어서 중진회의를 하고 종회도 하고 그랬거든요. 한 스님이 올라오시라고... 그래 내가 한번 딱 가서 5분 앉아 있다 왔어

깨달음의 노래

요. "스님네 다 고생합니다. 올라갑니다." 하고 올라와 버렸다 말이야. 왜냐하면 난 회의에 참석 안 하니까 으레 와도 갈 줄 알거든요. 그래서 일절 그런데 참여해본 일이 없거든요. 그래서 지금 모든 걸 희생한다는 거 말이여, 그건 사회적인 문제든지 출가적인 모든 것이 다 수도하는 데 조금 장애되는 거는 그건 안 해야 되는 것이고...

그래서 지금 내가 또 마음이 변하긴 변한 것 같은데, 하나 예를 들어 말하자면 종정이니 하는 것도, 자기네가 해놓고 뭐라 하냐면, 안 한다 소리는 하지 말아라. 예를 들어, 내가 지금 변명 같은데, 안 한다 소리만 하지 말아라. 안 한다 소리만 말고 가만있으면 되니까 안 한다 소리만 하지 말아라. 종간의 명령이라 말이야. 내가 여러 가지로 회상해 봤어, 종단 운영에 대해서. 초비상인데 말이야, 나 같은 걸 사람이라고 일이나 맡기고 안 한다 소리 말고 가만있으라니까 아무 소리 안 하는데, 그런 아무 소리 하기 참 곤란해요. 그래서, 그럼 안 한다 소리는 안 하겠다. 안 한다 소리는 안 하지만 근본 조건은 내 생활을 변경시킬 수 없다. 실지 그겁니다. 그게 전제조건입니다. 내 생활을 변경시키려 하면 안 한다 이렇게 합니다. 그러니까 여하한 일이 있어도 나는 딴 건 안 할라 하거든요.

법정 : 저희들이 본받아야 할 좋은 교훈입니다.

성철 : 글쎄 모르겠어요.

법정 : 혹시 이런 질문이 스님께 실례되는지 모르겠는데, 저희들이 궁금해서 묻습니다. 백련암 장경각에 있는 장서 수는 얼마나 되는지 한번 말씀해주시면...

성철 : 그기 몇 권 되지도 않는데.

법정 : 주로 거기 있는 책들이 '장경' 아닙니까?

성철 : 불교 중심이고, 불교 아닌 것도 혹 또 있긴 하지만...

법정 : 혹시 또 우리나라에서는 구해볼 수 없는 희귀본 같은 것도 있지요?

성철 : 있긴 있어요.

법정 : 그럼 이런 기회에 말씀해주십시오.

깨달음의 노래

성철 : '질책'이 많습니다. 한 천 몇백 권 됩니다.

법정 : 팔리Pali어 대장경도

성철 : 팔리어 대장경도 있습니다.

법정 : 갖추고 있고, 티베트 '서장 대장경'도 있는가요?

성철 : 서장 이거는 그때 구하려다가 안 되고,

법정 : 장경 몇 종류나 될까요? 누가 탐 안 낼 테니까 말씀해주세요.

성철 : 장경은 많아요. 모르겠어 한 7~8천 안 될라 몰라.

법정 : 7~8천이요?

성철 : 장경은 여러 가지 많이 있어요. 한 가지는 또 비밀인데, 아주 희귀본이 있어요. 우리나라 세종대왕 때 판본 안 있어요?

법정 : 언해 된 거.

성철 : 언해 된 거 아마 딴 덴 없을 기라. 어떤 대학교수도 와서 삼천배든 삼 만배든 할 테니까 일반에 공개시키자고, 사회에 그것도 환원해야 되니까, 그런 것도 희귀본도 있긴 있습니다. 있긴 있지만 책들 봐야 아마, 모르겠습니다. 세어보지를 않았으니까. 한 5~6천 될라나.

법정 : 그리고 스님의 인격 형성에 영향을 끼친 혹시 서책 같은 것이 있다면 어떤 것일까요?

성철 : 내가 딴 거 여러 가지 하는 것 같아도 제일 근본 중심은 선이거든요. 제일 내가 영향을 크게 받은 조사스님들 보면 《조주록趙州錄》하고 《운문록雲門錄》하고, 《조주록》하고 《운문록》은 임제종의 두 기둥이거든. 《조주록》, 《운문록》이 제일 내가 영향이 많아요. 《운문록》도 중 되고 난 뒤에 얼마 안 돼서 구해 읽었는데, 요건 내 중심인데 실지 영향이 많은 건 사실이거든.

법정 : 요즘 젊은이들에게 혹시 권하고 싶은 책이 있다면.

성철 : 요새 젊은이들 하면, 요건 내 중심으로 말하면 안 되니까, 권하고 싶다 하는 건 뭐가 있냐면 《보현행원품普賢行願品》이야.

《보현행원품》은 뭐냐 하면 참말로 모든 존재의 실상을 그대로, 그 자체 말이여, 모든 일체가 다 절대라는 것 말이야, 그걸 분명히 해박하게 설명한 동시에, 우리가 어떻게 살아야 한다는 것, 일체가 다 절대이니만치 일체가 절대라는 건 절대 바뀌지 않는다는 것, 거기서 모든 상대를 부처님같이 섬기자, 부모같이 섬기자, 스승같이 모시자 말이여.

그래서 자기란 건 완전히 생각을 잊어버리고 오직 남을 위해서만 사는, 참말로 거룩한 길이고, 《화엄경》하면 우리 불교의 근본인데, 《화엄경》엑기스거든, '보현행원품'이. 그래서 우주의 진리라든가, 우주가 운행하는 진리라든가 말이여, 모든 것이 일체가 다 진여라 하는 법계연기 말이여, 법계연기 말하면 모든 것이 포함되는 겁니다.

그걸 따라서 우리가 사는 데서 모든 일체 상대를 부처님같이 모신다는 것, 그 '행원품' 사상을, 앞으로 우리가 의지해서 한다면, '행원품'을 의지해서 '행원품'을 중심으로 해서 살아야 되지 않나. 혹 또 묻는 사람 더러 있어요. 불교연합회 회장하고 사무장하고 와서 절 삼천배 하고 또 만나서 한 말씀 해달라고 해서, '행원품'에 의지하라 했어.

법정 : 스님께서는 어떤 인물을 존경하시는지, 인류 역사상의 그 예를 들어서...

성철 : 예를 들어, 인류 역사를 보면 위대한 인물 좋은 인물이 많은데, 내가 볼 때는 참으로 자기 회복, 자기 복구, 자아를 참말로 개발해 자아 문제를 가장 우리에게 소개하고 이런 이는 첫째, 부처님이고, 그 뒤에 와서는 육조스님이라요. 그래서 중생이 본래 부처라는 것, 사바가 본래 정토라는 것, 현실 그대로가 절대라는 것, 그 소식을 가장 해박하고 분명하게 말씀해 준 어른이 내가 볼 때는, 물로 딴 사람도 있겠지만, 부처님하고 육조스님이 제일 참말로 숭배해요.

법정 : 다음으로, 이건 조금 빛깔이 다른 문제입니다만, 사람은 누구나 한 번은 죽습니다. 많은 생물 가운데서도 유달리 인간만이 자기가 언젠가는 죽는다는 것을 알고 있는 그런 존재입니다. 우리가 죽음에 어떻게 대처할 것인가는 모든 종교의 중요한 과제로 되어 있습니다. 스님의 생사관生死觀을 듣고 싶습니다.

깨달음의 노래 ❀

성철 : 생사관이라 생사는 모를 때는 생사인데요, 모를 때는 생사입니다, 눈을 감고 나면 캄캄하듯이 말이여. 알고 보면, 눈을 뜨고 보면 광명이거든. 누구든지 안 그렇습니까? 아무리 광명 속에 살더라도 눈을 감으면 캄캄하니 안 보이거든. 그렇지만 눈 떠보면 광명이 있다 그 말이여. 알고 보면 광명이다 그 말이여. 생사는 본시 생사란 없습니다. 생사 이대로가 열반이고, 생사 이대로가 해탈이라 말이여. 일체 만법이 해탈 아닌 것이 없습니다. 일체 만법이 불법 아닌 게 하나도 없어요. 알고 보면, 일체가 광명 아닌 게 하나도 없듯이 말이지.

그냥 보면 방편적으로 볼 때는 윤회를 이야기하는데 윤회라 하는 것도 눈 감고 하는 소리여. 봉사가 눈 감고 하는 소리이지, 사실 눈을 뜨고 보면 자유만 있을 뿐이지 윤회는 없습니다. 물론 사람이 또 몸을 받고 몸을 받고 자꾸 이러는데, 그걸 모르는 사람이 윤회라 하는데, 아는 사람이 눈 뜨고 보면 그게 모두 다 자유다 그 말이여. 대자유. 육도로 났다, 용으로 났다, 오리로 났다, 그게 순 대자유, 자유활동이다 그 말이여. 그래서 생사가 곧 해탈이고, 이대로가 열반이고, 그렇기 때문에 생사란 것은 말하자면 본시 생사가 없습니다. 생사가 곧 해탈이라 하면 말 다한 거 아니에요?

그런데 생사 밖에 만약 해탈을 구한다면 그 사람은 눈을 감은 사람이여. 봉사라 그 말이여. 눈 뜬 사람이 빛을 어디 가서 구하겠어. 다시, 눈 뜨고 보면 온 천지가 전부 빛이고 광명인데 말이여. 자빠져도 광명, 엎어져도 광명, 이리 가도 광명인데, 서쪽에도 광명, 천년 전에도 내내 광명, 천년 후 만년 후에도 광명, 이대로 변함이 없다 말이여. 그래서 근본 우리 생활신조를 거기 두어야 돼요.

설혹 내가 눈을 감아서 광명을 못 보더라도 광명 속에 살고 있다는 건 알아야 된다 말이여. 그 마음이 행복하거든. 눈만 뜨면 달리 광명을 구하지 않아도 된다 말이야. 이대로 현실 이대로가 극락인 걸 알 것 같으면, 내가 눈만 뜨면 극락이라는 걸 아니까, 천당을 원하겠어요? 극락세계 따로 다시 구할 필요 절대 없거든. 그래서 우리가 설사 눈을 못 떠서 광명을 못 보더라도 우리가 근본대로 광명 속에 산다는 것, 절대 속에 산다는 것, 우리 이대로가 사는 생활 이대로가 전체가 해탈이라는 거 말이야. 이대로 열반이라는 것, 이걸 확실히 알면 이것보다 더 행복한 일이 없어. 암만 설사 눈 감았더라도 광명 속에 사는 것만은 틀림없어요. 대해탈경계 속에 사는 것만은 틀림없다. 눈을 감고 있을 때 그때는 수긍을 못하더라도 사는 것만은 틀림없다 말이여.

깨달음의 노래 🌸

그렇다고 해서 눈 감은 사람을 따라가서, 여기가 지옥이다, 여기가 무엇이다, 이 소리는 할 수가 없는 기거든. 전체가 앉으나 서나 가나 오나 전체가 광명뿐인데, 어떻게 암흑을 얘기할 수 있는 것이여? 그래서 가장 행복한 존재가, 모든 것이 다 사람뿐 아니라 저 애벌레까지 말이여, 가장 행복한 존재라 그 말이여. 그래서 행복을 딴 데서 구하지 말고 오직 현실을 바로 보자 이거지, 현실을 바로만 보면, 눈만 뜨면, 마음의 눈만 뜨면, 현실을 바로 보면, 지상이 극락이니까.

법정 : 방금 하신 스님의 말씀을, 그래도 잘 알아듣기 어렵다고 난해한 사람들을 위해서, 난해하다고 하는 사람들을 위해서, 더 쉬운 말로써, 가령 친족을 버리고 이 육신을 언젠가는 버릴 때에 어떤 각오로 임해야 될 것인가, 이런 말씀도 해주셨으면 좋겠습니다.

성철 : 어떤 각오로, 육신을 버릴 때라니?

법정 : 방금 스님이 하신 말씀을, 그래도 못 알아먹은 사람들이 이 몸뚱이를 내버릴 때 어떤 각오로 임해야 될 것인가?

성철 : 근데 이기 보면, 혹 어폐가 있다 할는지 모르지만 말이지요, 우리 원 근본 생명 자체는 사람에다 비유합니다. 비유를 하자면 사람에 비유를 하면, 이 육신은 옷에 비유할 수 있습니다. 옷이 떨어져서 옷을 벗어버렸다 하여 사람이 죽은 것은 아니거든요. 안 그렇습니까? 사람이 죽어, 옷이 떨어져서 육신이 다 되어서 70년, 80년 되어서 옷이 다 떨어져버려, 옷이 떨어지면 옷을 벗어버린다 말이여. 그기 육신을 벗어버리면 딴 옷을 입게 된다 말이여. 김가 옷을 입었다가 박가 옷을 입는다 말이여. 미국 사람 옷을 입었다가 영국 사람 옷을 입는단 말이여. 그래서 옷을 암만 바꿔 입는다 해도 사람은 본 사람 그대로니까 옷을 따라갈 필요는 절대 없습니다. 옷을 볼 필요도 없고요. 그래서 옷을 암만 바꿔 입는다 해도, 옷 바꿔 입는다고, 옷이 떨어져서 바꿔 입는다고, 하나 아까울 것 없고 말이여, 안 그렇겠어요?

그렇다고 괴로울 것도 없고, 평생 입은 옷이니까. 평생 입은 옷이니까 괴로울 것도 없고, 그렇다고 아까울 것도 없고, 그러니까 옷이 오래되면 떨어지는 건 정한 이치이니까, 옷이 떨어지면 바꿔 입고, 그러니까 육신이란 것은 옷에다 비유하면, 결국은 신과, 영과, 육을 분리해보는 것 아닌가, 이럴지 모르지만, 알고 보면 옷도 내내 절대인데.

깨달음의 노래 🌸

법정 : 그렇죠, 분리할 것도 없죠.

성철 : 분리할 것도 없지만, 비유로 말하자면 그렇다 이 말이야. 말하자면 육신이란 건 옷 한 가지인데, 옷이 70, 80년 되고 떨어져 벗어버렸다 해도, 옷 그거 평생 입었던 옷이니까 괴로울 것도 없고, 괴롭고 아무리 그렇지만, 떨어졌으니까 또 새 옷 입으면 되니까 아까울 것도 없다 말이야. 그래서 언제든지 자유한 생활이라는 것, 해탈이라는 건 조금의 변동이 없습니다. 사람은 늘 언제나 그 사람이니까.

법정 : 이렇게 말씀하신 스님께 제가 이런 질문을 하는 것이 어리석은 질문이 될지 모르겠습니다만, 스님께서는 이다음 생에서 이루고 싶은 소원이 있다면 무엇인지 말씀해주시겠습니까?

성철 : 사실 보면 이다음 생은 본시 없습니다. 이다음 생은 한계성이 없습니다. 보통 사람들은 옷을 가지고 한계성을 잡는데, 옷이 다 떨어지면 새 옷을 갈아입은 그 때를 이다음 생이라 하거든요. 안 그렇습니까? 그렇지만 그 사람 자체에서 볼 때는 옷이 떨어졌다고 이다음 생이라고 보면 우스운 소리

거든, 그 소리는요. 그러니까 본시 과거도 없고 현재도 미래도 없고, 늘 그 사람은 그 사람 그대로라 말이여.

그러니까 금방도 얘기했지만 옷 떨어지면 옷 갈아입을 때를 이다음 생이라 하는데, 사실 보면 이다음 생이란 한계성은 실지 없습니다. 옷을 암만 바꿔 입었다 해도 내내 그 사람이기 때문에 이다음 생이란 없어요. 내가 이다음 생이고 전생이고 할 거 없이 늘 생각하는 것은, 가장 빈천한 생활을 하면서, 최하의 생활을 하면서 노력은 최고의 노력을 해서, 어떻게 해서든지 모든 상대를, 모든 중생이라 해도 어폐가 있습니다. 우리 상대라는 건 무정물無情物까지 다 들어가니까 말이여. 중생은 어폐가 있고, 모든 상대를 부처님같이 받들고 부처님같이 모실 수 있나? 그기 세세생생世世生生의 원願이고, 그기 또 변할 수도 없는 것이고.

법정 : 그러면 스님께서는 현재의 이 생활에 만족하고 계시는지요?

성철 : 그건 대궐 속에 있는 사람이 그럼 어디로 가려 하는 행색이 아니오?

법정 : 잘 알겠습니다. 이제 끝으로, 또 한 해가 가고 새해가 다가옵니다. 새해에 우리 국민들에게 한 말씀 하셔야겠지요? 이 풍진 세상 살아가는데 길잡이가 될 시원한 법문을 들려주셨으면 합니다.

성철 : 금방도 얘기했지만, 내가 볼 때는 전생도 없고 내생도 없고, 늘 금생뿐 이거든요. 안 그렇습니까? 아까도 말했지만 옷 바꿔 입는 걸 가지고 금생이라 하고 내생이라 하고 이래서는 그건 말 못한다 그 말이여. 늘 금생 이대로예요, 예를 들어 말하자면, 새해로 바뀌는데 이렇게 하는 건 달력을 만들어 놓고 새해니 하는 모양인데, 내가 할 거는 새해 구해 구별할 거 없이 하고 싶은 소리는 중생이 본래 부처다 말이야. 우리가 본시 광명 속에 산다 이 말이야. 그런 동시에 광명 속에 사니까 우리 자체 이대로 광명이다 그 말이야. 그런 좋은 광명을 눈 감고 못 보니, 못 보고 자꾸 헤매고 있는데, 암만 헤매고 헤매고 하더라도, 암만 엎어지고 자빠져도 광명 속에 있고 광명 자체인 것만은 사실이여.

그렇지만 눈 뜨고 안 뜬 구별은 있습니다. 눈 뜨고 안 뜨고가 있기 때문에 정토를 이룩한다는 것이 용납이 되는 것이거든. 인격의 형성이라든가 진보가 없다 말이야. 물론 근본적으로 진보와 퇴보가 없는 것이지. 없는 것이지만, 눈 뜨고 안 뜨고 하는 게 분명히 있다 말이야. 참말로 광명 속에 살면서 끝없이 사람들이 아우성을 치거든요. 그거 보면 참 답답하다 말이여. 눈만 뜨면 대광명인데 말이여, 광명 속에 살면서 "어둡다, 어둡다"하니 답답한 거 아닙니까? 그래서 어떻게 해서든지 부처님이든지, 아까 예수님이든지, 현실 이대로가 절대고, 중생이 본래 부처라는 거 말이여, 잘 말씀해서 선언해 준 어른들이거든. 그래서 다른 종교인들한테 그랬는데, 우리가 어떻게 해서든지 어둡다 하지 말고 노력해서 눈만 바로 뜨자 이기라.

마음의 눈만 밝게 뜨자. 밝게 떠서 모든 일체 상대가 전부 부처님이라는 거, 절대 아닌 게 없으니까, 미래겁이 다하도록 모든 부처님을 모시고 받들고 섬기고 살자. 그러면 우리 불교는 본래 중생 제도가 없거든요. 모든 부처님을 모시고 섬기고 살자 이기라. 그럼 아까도 얘기했지만 배고픈 사람이라고 불쌍하다고 주면 그 사람을 근본적으로 모욕하고 밟는 소리거든요.

그러니까 그건 눈을 감고 볼 때는 암흑 가운데 어두운 데서 하는 소리지, 실지 눈 뜨고 보면 전체가 부처 아닌 존재가 없고 본래 다 부처고, 광명의 절대 아닌 존재가 없거든. 그러니

깨달음의 노래 🌸

까 눈을 뜨고 보면 부처가 부처를 서로 존경한다 그 말이야. 안 그렇겠습니까?

그러니까 사실에 있어서 우리 모든 존재가 눈을 떠서 우리 실제 자체가 광명 세계 속에 살고 또 자체가 광명이니까, 본시 광명, 우리 불교에서는 그걸 '본지풍광本地風光'이라 합니다. 그 본지풍광을 완전히 바로 보고 바로 알아서, 바로 알 것 같으면 모두 부처야.

말을 자꾸 거듭하는 것 같지만, 부처 아닌 존재 없으니까 모든 상대를 상대라 하니까 중생이라 하면 어폐가 있다 말이야. 상대라 하는 이걸 중생이라 하면 어폐가 있거든. 중생이라 하지만 속은 중생이 아니라 부처니까, 모든 상대를 부처님 같이, 부모와 같이, 스승과 같이 모시고 섬기자, 이 깁니다.

법정 : 우리 모두가 더욱 더 귀가 밝고 눈이 맑아져서 찬란한 광명 속에서 본지풍광을 드러내면서, 날마다 좋은 날 이루기를 빌면서 이만 마치겠습니다. 스님 감사합니다.

　산사에서 정신적 지도자는 방장 스님이다. 주지 스님은 방장의 훈도와 정신적 지도에 따라 행동하는 일종의 행정 책임자다. 방장 스님은 대부분 대종사 반열에 올라있다. 대한불교조계종의 비구 법계法階 가운데 제일 윗자리가 대종사이다. 법랍 30년을 넘긴 스님들 가운데 중앙종회 추천으로 원로회의 심의 등을 통해 종사宗師 법계를, 40년이 지나면 대종사大宗師 법계를 받을 수 있다.

　이 책에 실린 글은 방장 스님을 직접 만나 인터뷰해 작성한 경우와, 직접 기자가 동안거와 하안거 결제 또는 해제법회에 참석해 작성한 것이다. 아울러 일부 큰 스님의 경우 조계종 총무원 홍보팀의 협조를 받아 서면으로 답변을 받아 작성했다.

정승욱 합장

깨달음의 노래

초판 1쇄 인쇄   2022년 02월 15일
초판 1쇄 발행   2022년 03월 01일
지은이   정승욱
펴낸곳   쇼팽의서재
편집·기획   남광희
본문디자인   윤재연
표지디자인   이창욱, 정예슬
출판등록   2011년 10월 12일 제2021-000253호
주소   서울 강남구 역삼동 613-14
연락처   010-4477-6002
도서 및 원고 문의   jswook843100@naver.com
                     j44776002@gmail.com

ISBN   979-11-975460-4-4 (03220)
값 22,000원